Le sida au Cameroun

Logiques sociales

Collection dirigée par Bruno Péquignot

En réunissant des chercheurs, des praticiens et des essayistes, même si la dominante reste universitaire, la collection « Logiques Sociales » entend favoriser les liens entre la recherche non finalisée et l'action sociale.

En laissant toute liberté théorique aux auteurs, elle cherche à promouvoir les recherches qui partent d'un terrain, d'une enquête ou d'une expérience qui augmentent la connaissance empirique des phénomènes sociaux ou qui proposent une innovation méthodologique ou théorique, voire une réévaluation de méthodes ou de systèmes conceptuels classiques.

Dernières parutions

Dominique MARTIN, *Relations de travail et changement social,* 2014.

Thomas PIERRE, *L'action en force et les forces en action. Sociologie pragmatique des forces*, 2014.

Jean FERRETTE (dir.), *Souffrances hiérarchiques au travail. L'exemple du secteur public*, 2014.

Sous la direction de Sandrine GAYMARD et Angel EGIDO, *Mobilités et transports durables : des enjeux sécuritaires et de santé,* 2014.

Simon TABET, *Le projet sociologique de Zygmunt Bauman. Vers une approche critique de la postmodernité,* 2014.

Pascale MARCOTTE et Olivier THEVENIN (dir.), *Sociabilités et transmissions dans les expériences de loisir*, 2014.

Guillaume BRIE, *Des pédophiles derrière les barreaux. Comment traiter un crime absolu ?,* 2014.

Maryvonne CHARMILLOT, Marie-Noëlle SCHURMANS, Caroline DAYER (dir.), *La restitution des savoirs, Un impensé des sciences sociales ?*, 2014

Les « Nouveaux » clowns, Approche sociologique de l'identité, de la profession et de l'art du clown aujourd'hui, 2014.

Sous la direction de
Laurent Vidal

LE SIDA AU CAMEROUN

Nouvelles militances et société civile

L'Harmattan

5-7, rue de l'Ecole-Polytechnique, 75005 Paris

http://www.harmattan.fr
diffusion.harmattan@wanadoo.fr
harmattan1@wanadoo.fr

ISBN : 978-2-343-04016-5
EAN : 9782343040165

Du même auteur

Rituels de possession dans le Sahel. Exemples Peul et Zarma au Niger, L'Harmattan (Coll. « Connaissance des Hommes »), 304 p., 1990.

Le silence et le sens. Essai d'anthropologie du sida en Afrique, Paris, Anthropos-Economica (Coll. « Sociologiques »), 217 p., 1996.

Femmes en temps de sida. Expériences d'Afrique, Paris, PUF (Coll. « Politique d'aujourd'hui »), 195 p., 2000.

Ritualités, santé et sida en Afrique. Pour une anthropologie du singulier, Paris, Karthala-IRD (Coll. « Hommes et sociétés »), 209 p., 2004.

Faire de l'anthropologie. Santé, science et développement, Paris, La Découverte (Coll. Recherches – Terrains anthropologiques), 295p., 2010.

Anthropology in the Making. Research in Health and Development, New-York, Routledge (Series: Routledge Studies in Anthropology), 182 p., 2014.

(ss dir) avec Dozon J.-P., *Les Sciences sociales face au Sida: cas africains autour de l'exemple ivoirien*, Paris, Éditions ORSTOM (Coll. « Colloques et séminaires »), 301 p., 1995.

(ss dir) avec Msellati, & J-P. Moatti, *L'accès aux traitements du VIH/sida en Côte d'Ivoire. Évaluation de l'Initiative Onusida/Ministère de la santé publique. Aspects économiques, sociaux et comportementaux*, Paris, ANRS (Coll. « Sciences sociales et sida »), 327 p., 2001

(ss dir) avec A.S. Fall & D. Gadou (ed. sc.), *Les professionnels de santé en Afrique de l'Ouest. Entre savoirs et pratiques*, Paris, L'Harmattan (coll. « Logiques sociales »), 329 p., 2005.

(ss dir) avec Leservoisier O. (ss dir), *L'anthropologie face à ses objets. Nouveaux contextes ethnographiques*, Paris, Éditions des Archives Contemporaines, 295 p., 2007.

(ss dir) avec Atlani-Duault L.(ss dir), *Anthropologie de l'aide humanitaire et du développement. Des savoirs aux pratiques, des pratiques aux savoirs*, Paris, Armand Colin, 312 p., 2009.

(ss dir) avec Ladner J., Legrand E., Gérardin P., Tavolacci M.-P. & Hecketsweiler P., *Sciences humaines et sociales, UE 7 « Santé, société, humanité »,* Collection Carnets de révision PAES, Volume 1, Paris, Maloine, 2010.

(ss dir) avec Kuaban C. (ss dir), *Sida et tuberculose : la double peine ? Institutions, professionnels et société face à la coinfection au Cameroun et au Sénégal*, Louvain-La-neuve, Academia Bruylant, 378 p., 2011.

(ss dir.) *Expériences du partenariat au Sud. Le regard des sciences sociales*, Editions IRD, 2014.

Sommaire

Introduction

Une recherche sur et avec les associations

Laurent VIDAL

Trois décennies après la découverte du VIH et presqu'autant de temps après les premières mobilisations collectives pour défendre les personnes séropositives – dans leurs droits face au risque de stigmatisation, dans leurs droits pour l'accès à la prévention et aux traitements – il est par définition illusoire de vouloir comprendre les réponses actuelles des sociétés au sida sans admettre qu'elles s'inscrivent dans une généalogie, une histoire. De ce point de vue, le monde associatif impliqué dans la « lutte contre le sida » se présente – dans nombre de pays parmi lesquels le Cameroun – comme un feuilleté d'histoires. Histoires parfois anciennes (avec un recul variable suivant les endroits) des toutes premières mobilisations, contemporaines de l'arrivée de l'épidémie, mais aussi histoires plus récentes, s'ajoutant aux premières sans naturellement les occulter, scandées par un certain nombre d'évènements (la gratuité des traitements, l'arrivée des financements du Fonds mondial, la promotion d'une « démocratie sanitaire »...). Cela signifie qu'au Cameroun il convient à la fois de prendre en compte les raisons de l'émergence d'associations dédiées au sida dans les années 90 et, aussi, les transformations vécues par ces mêmes associations, par exemple lors de l'annonce de la gratuité des thérapies antirétrovirales en 2007 : deux étapes, parmi d'autres, qui font l'histoire de ces collectifs. Par ailleurs, de façon plus spécifique, chaque association se construit par la superposition de parcours, d'histoires individuelles qui composent avec l'histoire d'un projet collectif. Cette seconde compréhension de l'histoire doit permettre d'ouvrir une réflexion essentielle : le poids du collectif (donc de son histoire, de sa culture, de ses héritages) sur l'individu (le membre d'association) et, réciproquement, la capacité de celui-ci de modeler le cours, les actions de ce collectif.

Enfin, troisième niveau historique à prendre en compte, les histoires des associations de lutte contre le sida ne peuvent s'extraire de deux autres temporalités : celle de la réponse politique et sanitaire au VIH (préventions et traitements), d'une part, celle du fonctionnement du système de santé dans son ensemble, d'autre part. Autrement dit, les associations se proposent d'être au cœur du dispositif national de lutte contre le sida et, par induction, du système sanitaire dans son ensemble.

Nous décrivons là un feuilleté de situations historiquement construites que l'on retrouve au Cameroun. La situation actuelle du monde associatif se caractérise en effet très nettement par des stratégies, des modes d'organisation, des rapports au monde médical, aux instances de décision et aux bailleurs de fonds parfois structurés depuis plusieurs années, parfois plus récents. Et c'est précisément parce que le monde associatif se transforme – à des rythmes certes variables – que le regard du chercheur en sciences sociales trouve sa légitimité. Quelles sont ces transformations, pour les unes très récentes, pour les autres remontant à quelques années ? Nous avons :

- la multiplication d'associations, exprimant le « dynamisme associatif » actuel, au moins quantitatif (on parle de plusieurs milliers d'associations intervenant sur le VIH) donnant à voir une grande diversité d'associations tant par leur taille, leur rayonnement que leurs objectifs, dépassant la partition « associations de PVVIH » / « associations de lutte contre le sida » ;
- l'existence depuis quelques années d'associations qui développent une forme d'expertise sur des questions de recherche (en liaison avec l'action ou les questions d'éthique) ;
- l'émergence de collectifs soucieux de défendre les droits humains et notamment ceux des homosexuels ;
- l'implication de membres d'association dans la prise en charge d'ordre « psychosocial » au sein de structures spécialisées ;
- l'insertion de représentants d'associations dans l'instance de coordination du Fonds Mondial au Cameroun (le CCM) (depuis mi 2008) ;

- la crise du RECAP+, premier réseau de personnes vivant avec le VIH (depuis le début de 2008) ;
- enfin, et non le moindre, la gratuité des traitements antirétroviraux (depuis mai 2007).

On le voit ces événements qui ont marqué la lutte contre le sida au Cameroun et les associations impliquées dans celle-ci sont d'ordre extrêmement varié et nous avons souhaité les aborder dans cet ouvrage de façon structurée avec pour objectif central de comprendre comment les associations de lutte contre le sida composent avec ces nouvelles expériences, contraintes, et attentes placées en elles[1]. Et nous avons choisi d'analyser les enjeux et les formes actuelles de la présence associative, en nous attardant sur trois types de liens qui la caractérisent : d'une part, avec les autorités nationales ou les agences de financement ; d'autre part avec les structures de prise en charge qui accueillent leurs membres dans le cadre de leur travail de prise en charge du VIH ; et enfin avec les autres associations dans un contexte d'accès aux ressources concurrentiel.

Dit autrement, comprendre aujourd'hui le rôle des associations de lutte contre le sida au Cameroun suppose, nous semble-t-il, de comprendre comment elles dialoguent avec les décideurs, avec le monde médical et entre elles. Ce sera l'objet des trois chapitres de ce livre.

Cet objectif prend tout son sens en liaison avec un dispositif méthodologique particulier qui est celui d'une recherche *sur* et *avec* les associations. En effet les chercheurs en sciences sociales de l'équipe sont partis du constat de l'existence d'une véritable expertise – sociologique, anthropologique…cela reste à déterminer – dans certaines associations de lutte contre le sida au Cameroun. Ensuite ils ont considéré que bénéficier du regard et de l'analyse de personnes au cœur du dispositif pouvait renouveler les interrogations sur cet objet. Nous avons aussi estimé que mener de concert cette recherche pouvait aider pour en partager les résultats auprès, précisément, des associations de

---

[1] La recherche à l'origine de ce livre, intitulée : « Les associations de lutte contre le sida au Cameroun : nouvelles implications sociales, médicales et militantes » a été financée par SIDACTION. Cette recherche a été gérée au Cameroun par la Fondation Paul Ango Ela de Géopolitique en Afrique (FPAE) : nos vifs remerciements à Jean-Claude Edjo'o et Kalliopi Ango Ela.

lutte contre le sida. D'où par conséquent le choix de monter un collectif impliquant des chercheurs en sciences sociales (Roméo Nganha, Fadimatou Mounsade et Laurent Vidal, anthropologues ; François Nkoa, économiste) et des membres d'associations ayant une bonne expérience de la recherche (Jean-Marie Talom, Fogué Foguito et Guy-Bertrand Tengpe) : tous étant impliqués dans la collecte et l'analyse de données. Des « binômes » chercheurs/associatifs ont donc été constitués pour les enquêtes au sein des institutions de lutte contre le sida (chapitre 1), des structures de santé (chapitre 2) et des associations (chapitre 3). Les associations étudiées ne sont pas celles auxquelles appartiennent nos trois collègues du projet de recherche. Pour autant la distance nécessaire à l'analyse a-t-elle été effective, réelle ? Il est arrivé qu'un collègue préfère ne pas réaliser un entretien avec tel responsable d'association compte-tenu de leurs liens, pouvant biaiser la discussion. Des adaptations ont du être effectuées, sachant que l'équipe a fréquemment échangé des idées, lors de réunions sur l'avancement de la recherche : échanges pourvoyeurs d'informations incorporées dans l'ensemble des données collectées sur le terrain, dans les structures de santé et dans les associations des 3 régions du Cameroun où nous avons travaillé (l'Ouest, le Centre et le Littoral).

En somme les risques de perdre la distance nécessaire pour analyser ce qui s'offre au regard ont été régulièrement évalués et, autant que possible, contournés. Et en aucune façon ils n'ont remis en cause la « plus value » qu'il y a à mener une recherche *sur* les associations, *avec* des collègues membres d'associations, témoins de cette histoire et qui ont la faculté de l'objectiver, de la considérer comme un objet de recherche. Le fait que nos trois collègues aient - en plus donc de leur familiarité avec le monde de la recherche et de leur pratique de l'enquête qualitative - des fonctions de direction dans leur association n'est pas indifférent : nous voulons dire ici que J.M. Talom, Fogue Foguito et G.B Tengpe ne sont pas « seulement » membres d'associations de lutte contre le sida, ils en sont les porteurs, les animateurs, de longue date. Et c'est aussi du fait de ces compétences là que le pari d'associer dans un même projet de recherche des personnes de formations académiques différentes et d'implications variées dans l'action fut par bien des égards passionnant à vivre : le lecteur dira s'il fut innovant.

Chapitre premier

Institutions de lutte contre le sida et société civile

François NKOA, Jean-Marie TALOM & Laurent VIDAL

1. Introduction

Parler de contextes de l'émergence, du développement et de la structuration d'une société civile dédiée à la lutte contre le sida, implique inévitablement de se pencher sur les deux principaux acteurs de celle-ci que sont, d'une part, les autorités en charge de la santé publique du pays et, d'autre part, les institutions d'aide susceptibles d'appuyer ces activités. Plus exactement, ce sont les liens entre les premiers et les seconds qu'il s'agit de comprendre si l'on veut saisir comment se transforme l'implication des associations dans la lutte contre le sida. Depuis plus de deux décennies, au Cameroun comme ailleurs, la cohabitation entre acteurs de la société civile, de l'Etat et de la coopération internationale (publics comme privés, incluant donc les Fondations philanthropiques) oscille entre collaborations, défiances, compétition et influences. Nous verrons dans les pages qui suivent comment la caractériser, selon les sujets en question.

Toujours est-il que cette relation structure profondément la lutte contre le sida : il n'est de décision gouvernementale qui ne soit immédiatement commentée par les militants associatifs, pas plus qu'il n'est de progrès en matière de traitement ou de prévention, ou de reculs dans les droits des malades qui ne suscitent des interventions médiatiques de ces mêmes militants en direction de ces mêmes « décideurs ». Décideurs parmi lesquels il convient bien entendu de ranger les acteurs de la coopération internationale. Nous sommes donc dans des logiques de proximité, de réactivité qui caractérisent la lutte contre le sida. Il importe d'en cerner à la fois les constantes et les nouvelles formes : ce sera l'objet de ce chapitre.

2. Méthodologie

Nous avons procédé – parallèlement à la lecture de documents internes aux institutions contactées - à des séries d'entretiens avec des acteurs institutionnels de référence impliqués dans la collaboration avec les associations. Dix-sept personnes ont été interviewées parmi lesquelles neuf femmes et huit hommes. Elles présentent des profils de formations divers : médecins, anthropologues, juristes, politistes, journalistes, inspecteur des affaires sociales (voir tableau 1, ci-dessous).

3. Parcours professionnels et fonctions actuelles des personnes rencontrées

Les parcours professionnels varient d'un interviewé à l'autre : superviseur de programme, assistant technique, gestionnaire/directeur de programme, clinicien, chargé de suivi&évaluation au GTR, responsable administratif des hôpitaux, chargé de la planification à la délégation régionale de la santé publique.

4. Activités menées avec les associations

Les activités que les structures ont menées avec les associations sont nombreuses et variées : lutte contre la stigmatisation des PVVIH ; appui à la constitution d'un réseau des associations ; formation des OBC sur la PEC (prise en charge) des OEV ; counselling dans les hôpitaux ; soutien alimentaire ; promotion/vente des préservatifs ; formation des pairs éducateurs ; distribution des journaux et des kits de la vie positive (voir tableau 2 ci-dessous).

Tableau 1 : Institutions et personnes enquêtées

Nom	Missions	Personnes interviewées	Villes /Régions
Délégation de la santé publique	Assurer la planification, l'exécution, la coordination et le suivi & évaluation des activités de santé et de lutte contre la maladie	Point focal PTME	Bafoussam/Ouest
Groupes Techniques régionaux de lutte contre le Sida	Assurer la planification, l'exécution, la coordination et le suivi & évaluation des activités de lutte contre le Sida	Coordinatrice Coordinateur	Yaoundé/Centre Bafoussam/Ouest
Ministère de l'Enseignement Supérieur (MINESUP)	Elaborer et mettre en œuvre la politique du gouvernement en matière d'enseignement supérieur	Cadre au service du suivi de la santé Universitaire	Yaoundé/Centre
Ministère des Enseignements Secondaires (MINESEC)	Elaborer et mettre en œuvre la politique du gouvernement en matière des enseignements secondaires	Sous Directrice de la Santé et du Sport et des activités socioculturelles	Yaoundé/Centre
Organisation des Nations Unies pour la lutte contre le SIDA (ONUSIDA)	Apporter une assistance technique au Ministère en Charge de la Santé publique en matière de lutte contre le Sida	Assistante Exécutive en Charges des opérations de Finances et programmes	Yaoundé/Centre
Organisation des Nations Unies pour la Science et	Faire avancer les connaissances, les normes et la coopération intellectuelle afin de faciliter	Responsable VIH/sida	Yaoundé/Centre

la Culture (UNESCO)	les transformations sociales porteuses des valeurs universelles de justice, de liberté et de dignité humaine		
Bureau International de Travail (BIT)	Amélioration des conditions de travail sur le lieu de travail, Encourager les Etats à la création des emplois afin de lutter contre la pauvreté	Chargée de programme VIH/sida Assistant du chargé de programme	Yaoundé/Centre
Union Européenne	Promotion de l'intégration économique régionale, des actions en faveur de la gouvernance ; Appui au processus électoral, au développement rural et au renforcement des capacités	Chargé d'aide et de Coopération Internationale, Développement Rural et Sociétés Civiles	Yaoundé/Centre
Programme d'Appui à la Structuration de la Société Civile au Cameroun (PASOC)	Assurer la participation et la contribution des acteurs non étatiques dans la définition, la programmation, la mise en œuvre, le suivi et l'évaluation de la mise en œuvre des programmes et politiques nationales de développement économique et social	Chef de projet	Yaoundé/Centre
SCAC - Ambassade de France	Contribuer aux activités de santé et culturelles au Cameroun	AT Gouvernance locale et appui à la société civile »	Yaoundé/Centre
CARE Cameroun	Appui aux victimes des crises humanitaires ;	Gestionnaire de programme	Yaoundé/Centre

	Réduire le nombre de personnes fragiles et défavorisées		
Organisation de Coord. pour la lutte contre les Endémies en Afrique Centrale (OCEAC)	Coordonner la lutte contre les grandes endémies en Afrique Centrale	Coordinateur	Yaoundé/Centre
Association Camerounaise de Marketing Social au Cameroun (ACMS)	Concevoir et la mettre en œuvre des stratégies permettant d'améliorer le bien être social des populations	Directeur	Yaoundé/Centre
PLAN Cameroun	Promouvoir les droits des enfants vulnérables	Health advisor	Yaoundé/Centre
Groupement Inter Patronal du Cameroun (GICAM)	Service aux membres ; représentation et défense des entreprises ; promotion de la libre entreprise	Chargé d'Etudes Assistant	Yaoundé/Centre
Coopération Allemande (GIZ)	Apporter un appui au Gouvernement dans la mise en œuvre des programmes de développement	Conseiller Technique Programme santé GTZ	Yaoundé/Centre
Catholic Relief Services (CRS)	Apporter de l'aide humanitaire aux démunis et répondre aux urgences	Chargé de programme Santé et VIH/sida	Yaoundé/Centre

Tableau 2 : Activités dédiées aux associations

Nom de l'institution	Activités	Associations
Délégation de la santé publique de l'Ouest	Sensibilisation et/ou mobilisation sociale	Associations à base communautaire (OBC) ONG
Groupes Techniques régionaux de lutte contre le sida	Appui financier au plan d'action ou aux activités de prévention Appui technique aux activités des associations	Associations à base communautaire (OBC) ONG
Ministère de l'Enseignement Supérieur (MINESUP)	Promotion des activités de santé en général Promotion de lutte contre le sida	Clubs et associations estudiantines (ADDEC) Associations des enseignants
Ministère des Enseignements Secondaires (MINESEC)	*Idem*	Associations des élèves Associations des parents, enseignants & élèves
Onusida	Plaidoyer Mobilisation sociale	Associations/RECAP+/CANEP/RAPAIC
Organisation des Nations Unies pour la Science et la Culture (UNESCO)	Préparation de curriculums de formation des élèves en matière d'éducation à la sexualité	Associations ONG

	Mobilisation sociale Renforcement des capacités des médias	
Bureau International de Travail (BIT)	Sensibilisation des employeurs	Associations ONG
Programme d'Appui à la Structuration de la Société Civile au Cameroun (PASOC) et Union Européenne	Réalisation des études Suivi des projets Encadrement des associations	Associations ONG
CARE Cameroun	Opérateur de programmes de lutte contre le sida (ex. Fonds mondial, Rounds 3/4) Appui technique et financier aux associations	Associations à base communautaire (OBC) ONG
Organisation de Coordination pour la lutte contre les Endémies en Afrique Centrale (OCEAC)	Disponibilité et accessibilité des préservatifs Promotion du dépistage du VIH Lutte contre la stigmatisation et la discrimination des PVVIH	Associations à base communautaire (OBC) ONG
Association Camerounaise de Marketing Social au Cameroun (ACMS)	Communication pour le changement des comportements Promotion du dépistage du VIH	Associations à base communautaire (OBC) ONG

	PEC nutritionnelle des PVVIH Marketing social des préservatifs Appui financier aux Associations	
PLAN Cameroun	Mobilisation sociale pour le dépistage volontaire des femmes Formation des associations de femmes	Associations à base communautaire (OBC) ONG
Groupement Inter Patronal du Cameroun (GICAM)	Formation des pairs éducateurs en milieu de travail Plaidoyer pour la PEC des travailleurs séropositifs malades	Syndicats de travailleurs ONG & associations
Coopération Allemande (GIZ)	Renforcement des capacités des acteurs de lutte contre le Sida Promotion de la gouvernance dans les structures de santé Réduction de la morbidité et mortalité liées à la tuberculose et VIH	Associations à base communautaire (OBC) ONG Structures de dialogue
Catholic Relief Services (CRS)	Prévention, accès aux soins, OEV, AGR	Associations à base communautaire (OBC) ONG

Il ressort de l'analyse des données recueillies sur le terrain que les institutions actives dans le domaine de la lutte contre le Sida peuvent être classées en deux groupes : celles qui, officiellement, n'ont pas vocation à travailler avec les associations et celles qui ont une vocation et une volonté clairement exprimées à le faire.

Les enquêtes et autres données recueillies nous ont permis d'établir que dans les institutions appartenant au premier groupe, certaines d'entre elles, à l'instar de l'Union Européenne et de la coopération française (SCAC), respectent leur politique officielle et ne confient pas d'activités aux associations. A l'inverse, d'autres comme le BIT, ONUSIDA et l'UNESCO, ne respectent pas leur politique officiellement déclarée de ne pas travailler avec les associations : nous avons mis en évidence de nombreux exemples de collaboration entre ces structures et des associations. A titre d'exemple, ONUSIDA a sollicité en 2010 le REDS et le RECAP+ pour sensibiliser les députés sur l'importance de la législation dans la réponse à la pandémie du sida. En 2011, la même institution a fait réaliser une étude et organiser la réunion de mise en place de la plateforme des acteurs de la société civile par l'entremise de l'association Presse Jeune.

Parmi les institutions appartenant au second groupe, certaines comme le Catholic Relief Services et l'ACMS recourent de manière systématique aux associations pour mettre en œuvre leurs activités de lutte contre le sida tandis que d'autres (GIZ par exemple) limitent leur collaboration avec les associations, soit à un appui matériel, soit à une assistance technique, soit à un transfert financier pour la mise en œuvre des activités précises, soit enfin à une combinaison de toutes ces activités à la fois.

Dans leur immense majorité, les activités menées par les associations sont prédéterminées par les institutionnels. Dans certains cas, les associations sont de simples prestataires de services pour le compte de ces derniers, puisque la collaboration entre les deux parties est souvent formalisée dans une convention qui laisse très peu de marge de manœuvre aux associations. Cette pratique est en contradiction avec le discours des institutionnels qui mettent souvent publiquement en avant une relation de partenariat avec lesdites associations. De manière plus précise, il est à noter que certains institutionnels donnent des orientations générales via les appels à projets, et qu'il revient en définitive à chaque association de choisir la thématique sur laquelle elle a envie de travailler (cas du PASOC), tandis que d'autres privilégient la démarche participative et l'autonomie des associations. En général, c'est d'un commun accord que les activités à mener sont identifiées, le rôle du « bailleur » se limitant à une assistance matérielle, technique ou financière. L'exemple du Catholic Relief Services mérite d'être cité ici pour illustrer notre propos. En effet, en tant qu'organisation relevant de l'église catholique, tous les programmes exécutés n'ont qu'un seul objectif, à savoir transformer les systèmes, attitudes et comportements qui perpétuent la pauvreté et retardent ou freinent le développement intégral de la population du pays. Elle est également très active dans le renforcement des capacités et le soutien au développement de ses partenaires dont la plupart sont des organisations catholiques. Grâce à son assistance, l'Eglise catholique joue un rôle important dans le débat national sur les questions relatives aux politiques publiques et aux droits de l'homme. Elle privilégie la démarche participative et l'autonomie des groupes accompagnés. Pour elle, le financement n'est pas une fin en soi, mais un moyen pour rendre autonomes ses partenaires. En matière de lutte contre le sida, elle travaille avec les associations pour trouver des solutions endogènes aux questions touchant la prévention du VIH et l'accès aux soins. Ces différents programmes sont mis en œuvre directement par les partenaires locaux. C'est la raison pour laquelle on ne trouvera jamais un personnel du CRS sur le terrain. Elle apporte à ses partenaires des appuis de nature diverse (technique, matériel, financier).

Le PASOC (programme de l'Union Européenne) et la GIZ ont décrit clairement leurs modalités de financement des associations qui s'accompagnent d'un appui technique. Les autres organismes, bien qu'accordant parfois des subventions aux associations, n'ont pas une politique élaborée en la matière. Le processus conduisant à l'attribution des subventions aux associations ne semble pas très transparent.

Le GTR et la délégation de la santé publique n'ont pas de budget autonome pour répondre au besoin de financement des associations. Le GTR est largement dépendant du CNLS et des projets que ce dernier peut réussir à faire financer par le ministère de la santé et les partenaires au développement. Ce fut le cas avec les fonds du Multi Aids Programme (MAP) où il était prévu une composante société civile permettant aux associations de bénéficier des subventions pour mettre en place des actions de prévention du VIH et de prise en charge globale du sida. Il faut toutefois souligner que ces deux structures n'hésitent pas, à la demande des associations, de leur apporter un appui technique pour la mise en œuvre de leurs activités.

Il n'est pas dans le mandat de certaines structures d'accorder des subventions aux associations, mais elles le font quand même et ne souhaitent pas que leur action soit connue du grand public. Il y aurait derrière cette démarche un souci d'appuyer les efforts de la société civile au Cameroun : ceci étant, l'insuffisante communication des structures sur leurs interactions avec les associations ne permet pas toujours d'apprécier la sincérité et la justesse des motivations qui les animent.

Dans le discours de nos interviewés, la collaboration entre les institutions intervenant dans la lutte contre le sida au Cameroun et les associations est appréciée de façon positive. A l'analyse, il ressort des entretiens avec les institutionnels que :

- Les associations ont une utilité sociale indéniable. Sans elles, certaines structures auraient des difficultés à atteindre leurs objectifs. Malgré les difficultés rencontrées au quotidien, beaucoup d'associations ont continué à fournir des services de prévention et d'accompagnement aux PVVIH.
- Les associations doivent se professionnaliser davantage pour continuer à bénéficier du soutien financier du Gouvernement et des bailleurs de fonds.
- La structuration du tissu associatif sous la forme de « réseau ou de plateforme d'associations » pourrait faciliter le dialogue avec les pouvoirs publics et les bailleurs. Mais, l'émergence de réseaux d'associations uniquement pour répondre à une demande institutionnelle peut être contreproductive. Ces réseaux ne valent que ce que valent les associations prises

individuellement. Ces réseaux d'associations ont besoin d'être soutenus financièrement par les bailleurs de fonds, ce qui n'est pas toujours le cas.

5. Le fonctionnement des associations vu par les institutionnels

Les institutionnels rencontrés reconnaissent que les associations de lutte contre le sida au Cameroun présentent à la fois des aspects positifs et des aspects négatifs.

En ce qui concerne les aspects positifs ont été mentionnés par nos différents interlocuteurs :
- une plus grande liberté de parole dans l'espace public ;
- la capacité d'influencer les politiques publiques en direction du sida ;
- le soutien aux PVVIH ;
- la contribution à la PEC des PVVIH dans les formations sanitaires et dans la communauté ;
- le fait de disposer d'un statut légal et de documents-cadre ;
- être bien structurées ;
- avoir un personnel qualifié.

A l'inverse, les institutionnels mettent au passif des associations les aspects suivants :
- le peu de transparence voire l'opacité dans les informations concernant l'association ;
- une connaissance insuffisante des sujets qui les intéressent ;
- des capacités de gestion administrative et financière qui nécessitent des formations ;
- le peu de feedback sur les formations reçues ;
- le manque de vision globale sur le projet associatif ;
- le manque de pro activité ;
- les guerres de leadership ;
- la faible application de la démocratie interne en leur sein ;
- l'absence de reconnaissance légale et de documents cadre.

Selon de nombreux institutionnels interrogés dans le cadre de cette enquête, les ONGs et autres institutions internationales impliquées dans la lutte contre le sida au Cameroun ne remplissent pas parfaitement leur rôle qui est *« l'appui et le renforcement des capacités des associations, ce qui n'est pas toujours le cas dans la réalité* » (Chargé de programme Santé et VIH/sida au Catholic Relief Services). Ce manquement a souvent été source de tension entre les deux catégories d'acteurs qui se trouvent souvent en concurrence dans un marché du sida étroit (par exemple pour le leadership dans la proposition à adresser au Fonds mondial) ou lorsqu'il s'agit d'assurer la représentation de la société civile (par exemple dans l'instance nationale de coordination du Fonds mondial).

Or plusieurs domaines dans lesquels les associations sont ou pourraient être actives sur le terrain nécessitent un appui de la part des ONGs et institutions internationales pour améliorer leur efficacité sur le terrain de la lutte contre la pandémie. L'essentiel des activités des associations portent par exemple sur des actions de prévention du VIH et de prise en charge des PVVIH et très peu sur les activités de plaidoyer, notamment sur la question des « groupes spécifiques » (Hommes ayant des relations sexuelles avec des hommes – HSH ou MSM -, travailleurs de sexe) et sur les questions politiques sous-jacentes à la réponse à l'épidémie. En outre, plusieurs associations, à l'instar de l'AFSU, l'AFASO, Presse Jeune, Youth Development Foundation, la SWAA Cameroon, Horizon Femmes, se comportent comme des prestataires de services au profit du gouvernement ou des bailleurs de fonds tandis que d'autres mènent des activités qui ne sont pas du tout connues. C'est le cas de l'Association Souris-moi et de l'Association Vie et Espoir de Yaoundé ou encore des associations Confiance + et Méfiance + de Bertoua. Ce manque de visibilité sur les activités menées n'est pas sans conséquence sur la gestion des subventions reçues par certaines associations. Nous avons encore en mémoire la subvention de la GIZ détournée par l'association APICAM à Bafoussam courant 2003. Plus récemment, on peut citer la subvention mobilisée dans le cadre du Fonds national de solidarité et remise à un groupe d'associations camerounaises. Cette subvention a été purement et simplement détournée. L'association FISS-MST-sida a été épinglée à l'époque comme étant à l'origine de cette disparition de fonds. Il faut rappeler que cette association avait reçu il y a quelques années les fonds du Programme concerté pluri acteurs (PCPA) et a encaissé l'argent sans mener les activités pourtant arrêtées dans le cahier des charges. Ce qui lui a valu d'être exclue des associations camerounaises pouvant solliciter un appui quelconque du PCPA.

6. La professionnalisation des associations

Plusieurs interviewés ont abordé la question de la professionnalisation des associations sans que le sens, le contenu et la finalité donnée au concept ne soient perçus de la même manière.

En synthétisant les différentes opinions, il se dégage que la professionnalisation d'une association est liée :

- au niveau de « compétence de ses membres » et une distinction intéressante est faite entre « expertise profane » et « expertise élaborée ». La première serait acquise à l'épreuve de l'expérience ou de la gestion de la maladie alors que la seconde résulterait d'une formation académique. « *J'ai appris des PVVIH des choses que je ne trouverais dans aucun manuel de la faculté de médecine* », déclarait le Coordonnateur du GTR Ouest. Il trouve ridicule d'opposer l'expertise d'un membre associatif à celle d'un médecin ou d'un autre type de spécialiste donné. La question est de savoir si, sur un sujet précis, on a besoin d'une expertise ou des deux expertises. C'est la complémentarité des deux expertises qui permet d'avoir une vision globale du problème.
- à sa « reconnaissance/légitimité » ; la question étant d'une part de savoir si celle-ci est corrélée au « statut sérologique » de ses membres ou à leurs « compétences », et d'autre part de définir et faire l'unanimité sur les critères de cette « *reconnaissance/légitimité* » (Rose Tchwenko, CARE Cameroun). Elle évoque le dilemme des associations de PVVIH qui veulent être reconnues comme PVVIH prioritairement et non d'abord comme compétentes. Ce préalable de compétence de CARE pour collaborer avec une association de PVVIH a été rejeté par le RECAP+.
- à la capacité de l'association à s'acquitter de ses charges de fonctionnement (Marta Brignone, Chargée d'aide et de

Coopération Internationale, Développement Rural et Sociétés Civile à l'Union Européenne).

- à l'expertise détenue sur une thématique précise de la lutte contre le sida. Ainsi, AFASO qui travaille uniquement sur les femmes aurait une expertise. Il en serait de même pour une association comme KidAids focalisée sur les enfants séropositifs (Dr Belinga, Coordinatrice du Groupe Technique Régional de lutte contre le sida du Centre).
- à sa capacité de mobilisation des financements, de bonne gestion des activités du projet et de communication sur les résultats obtenus (Dr Lesley Checam Chargé de programme Santé et VIH/sida - Catholic Relief Services).
- à l'attitude des bailleurs de fonds vis-à-vis des demandes et des besoins des associations. En octroyant des subventions qui ne prennent pas en compte les charges de fonctionnement (par exemple, le salaire du personnel), on installe les associations dans la précarité et l'incertitude. La professionnalisation d'une association est aussi et surtout un processus dynamique se construisant dans la durée. De ce point de vue, une association jugée non professionnelle peut le devenir avec le temps, et vice versa (Flavien Ndonko, Anthropologue, Conseiller Technique au Programme santé GTZ).

Le degré de professionnalisation dépend en outre du type d'association concernée. On ne peut pas attendre le même niveau de professionnalisme d'une association à base communautaire que d'une ONG internationale comme CARE, CRS ou PMSC (Emmanuel Gbaguidi - OCEAC). Cette professionnalisation est déterminée par les critères suivants : la transparence, la volonté de bien faire, la crédibilité, la disposition d'un siège social, la conformité du dossier administratif et l'expertise dans le domaine sollicité (Hendricks Bill, Senior Coordinator Marketing, stratégies et vente à l'ACMS, Joseph Kemegne, Assistant de Mme Farah au BIT à Yaoundé). Elle est mesurable par la crédibilité des acteurs qui la composent, et c'est de là qu'elle tire sa légitimité (Charles Bonhomme, SCAC - AT « Gouvernance locale et appui à la société civile »).

Certaines personnes interviewées pensent néanmoins que la professionnalisation des associations est un faux problème et que la question qui mérite de retenir l'attention est celle de savoir comment faire en sorte que les citoyens qui ont une expertise soient entendus et valorisés ? La réponse à cette question déborde largement le champ associatif pour s'inscrire dans le débat démocratique du pays. Selon Christophe Courtin, chef de projet PASOC de l'Union Européenne les acteurs de la société civile ont une expertise qui ne demande qu'à être partagée.

7. Les stratégies de financement et leurs gestions

En général, les associations fondent leurs stratégies de financement sur les demandes de subvention adressées aux bailleurs de fonds locaux et internationaux. Les capacités d'autofinancement n'ont pas été signalées au cours de cette étude. Certaines personnes interrogées soulignent pour le déplorer :

- la logique de captation des fonds par tous les moyens de certaines associations, même si parfois l'appel à propositions n'entre pas dans leur champ thématique ;
- l'opacité qui entoure souvent la gestion des fonds reçus des bailleurs du fait de la non publication des rapports d'activités et financiers des projets réalisés.

Il en découle plusieurs conséquences qui affectent la crédibilité et l'efficacité des associations sur le terrain.

Ont été révélés des cas de rupture de collaboration entre bailleurs et associations avec, dans certains cas, exigence de remboursement de la subvention reçue et menaces de traîner les associations impliquées en justice. Dans le cadre du Programme Concerté Pluri Acteurs (PCPA) par exemple, l'association FISS-MST-SIDA a reçu du responsable de ce programme l'injonction de restituer les fonds reçus et destinés à la mise en œuvre de certaines activités.

Une autre conséquence de la dépendance des associations vis-vis des financements des bailleurs est l'implication de certains dans le choix des personnes devant prendre part à la mise en œuvre des projets qu'ils financent et qui affectent leur efficacité sur le terrain. C'est par exemple le cas du GTR qui a accordé une subvention à l'APICAM (Ouest Cameroun) en lui imposant le consultant devant l'appuyer dans l'élaboration de son plan d'action. Ce consultant avait reçu la somme de deux cent milles francs comme honoraire déduit de la subvention reçue. De même que celui de l'association ACASEPO qui a protesté il y a quelques années sur l'implication du PNUD dans la gestion des fonds reçus pour la mise en place des activités génératrices de revenus.

Ces dysfonctionnements ont été visibles dans la plupart des projets dédiés aux associations dans le cadre du Programme Multi Pays de lutte contre le Sida (MAP). Selon le rapport d'étude sur les fonds octroyés aux CLLS par les GTP commandé par le PCPA en 2008, les comités locaux de lutte contre le sida (CLLS), en complicité avec le personnel de certains GTR, ont présenté des rapports fictifs et dans certains cas, des subventions ont été accordées par le GTR à des comités locaux fictifs.

8. Les collaborations avec les autres bailleurs

En ce qui concerne les collaborations avec les autres bailleurs, les entretiens ont permis de faire ressortir les principaux problèmes suivants :

En premier lieu, la difficulté, pour les bailleurs, à identifier les associations sérieuses en raison de leur grand nombre depuis la libéralisation de la vie sociopolitique au Cameroun en 1990. Il n'est pas toujours aisé d'identifier les associations bien organisées, avec des projets concrets et une bonne structuration, de celles qui ont un fonctionnement approximatif (oui qui sont purement fictives). Charles Bonhomme de la Coopération française souligne l'existence d'au moins 65 000 associations au Cameroun parmi lesquelles on peut trouver 10% d'associations crédibles. Selon lui le véritable problème que pose cette situation est l'identification des associations comprises dans les 10% en question.

Certaines associations sont créées par des fonctionnaires dans le seul but de capter les financements au détriment d'associations plus crédibles. Cette catégorie est généralement qualifiée « *d'association mallette* ». Dans ces conditions, un minimum d'investigations est nécessaire avant d'engager la moindre collaboration avec ce type d'association.

En second lieu, il ressort une insuffisance de coordination entre les différents bailleurs locaux. Chacun d'eux cherche avant tout à garder une autonomie aussi bien en ce qui concerne les domaines de l'investissement (santé, agriculture, gouvernance locale et appui à la société civile...), des appels à projets que de celui des modalités de gestion des subventions octroyées. Le Groupe de Coordination des Partenaires (GCOP) engagés dans la riposte au VIH peut aider les institutionnels à mieux coordonner leurs efforts de soutien aux associations de lutte contre le sida. Cet espace de concertation et de coordination aurait pu permettre d'une part de favoriser les complémentarités et optimiser le soutien aux associations et, d'autre part, de proposer des activités de renforcement de capacités des associations (stages, formations, ateliers) complémentaires de celles organisées par les associations elles-mêmes. La réflexion au niveau du GCOP n'est pas complètement achevée sur ce point. Faute de pouvoir convaincre tous les partenaires à prendre part effectivement aux réunions du GCOP, il est difficile d'envisager une réelle coordination entre les bailleurs qui financent la lutte contre le sida au Cameroun.

En troisième lieu, nous avons le refus des bailleurs de financer les réseaux d'associations. Bien que ce ne soit pas une règle générale certains bailleurs, pour des raisons stratégiques ou liées au montant des subventions, n'accordent des financements qu'à des associations et pas à des réseaux d'associations. Les fonds MAP étaient attribués prioritairement aux associations individuellement. Les appels à projets insistent parfois sur le fait que les réseaux d'associations ne soumettront pas de projets. A l'inverse certains bailleurs, comme le GIP ESTHER, privilégient les réseaux d'associations et ce dernier ne soutient au Cameroun que des projets de coalitions d'organisations de la société civile travaillant sur la prise en charge des PVVIH. Il est souhaitable que les institutionnels donnent aux associations des explications pertinentes sur l'option prise (financement des associations versus financement des réseaux d'associations) afin d'éviter les frustrations inutiles.

En quatrième lieu, certains bailleurs locaux sont perçus comme étant à la source de la méfiance, de la mésentente et des divisions observées au sein des associations. Nous avons par exemple, le cas de certains institutionnels locaux qui conditionnent le déblocage d'une subvention à la démission d'un membre de l'association et son remplacement par un autre validé par lui. Parfois, il est demandé à une association bénéficiaire d'une subvention de s'associer à une autre association dûment désignée par le bailleur. Il est même arrivé que l'association procède, à la demande du bailleur, à des modifications substantielles pour prétendre bénéficier d'une subvention.

Si on peut comprendre les raisons qui amènent souvent certains institutionnels à se comporter ainsi - décloisonnement des associations, souci de transparence, de contrôle des fonds... - très souvent on débouche sur une impasse. Les associations vivent mal cette ingérence et cette immixtion des bailleurs dans leur fonctionnement.

En cinquième lieu, les institutionnels rencontrés dénoncent l'instrumentalisation des associations par le CNLS. Cette instrumentalisation a été mentionnée au moins à trois niveaux dans les différents entretiens. Premièrement, dans les conflits ayant opposé le ministère de la santé aux associations de PVVIH concernant l'accès aux ARV. C'est ce ministère qui choisit, par exemple, les PVVIH devant rencontrer le ministre de tutelle ou ceux pouvant s'exprimer aux médias officiels. Il s'agit en général des PVVIH amadouées ou corrompues qui répètent ce que le ministère veut passer comme message au niveau de l'opinion nationale et internationale. On arrive ainsi à une vision manichéenne où on a d'un côté les « bonnes PVVIH » et de l'autre les « mauvaises PVVIH », les « bonnes associations de PVVIH » et les « mauvaises associations de PVVIH ». Deuxièmement, une difficulté est pointée dans la gestion des trois réseaux des associations de PVVIH (RECAP+, RECAPEV : Réseau des Associations des Personnes Infectées et Affectées du Cameroun et CANEP : Cameroon Network of People Living with HIV). Emmanuel Gbaguidi de l'OCEAC souligne à juste titre qu' « *il n'est pas envisageable d'avoir plusieurs réseaux de P+ ; un seul est cohérent* ». Selon les circonstances, le CNLS fait appel à tel ou tel réseau d'associations selon les intérêts qu'il veut défendre à un moment donné. Cyniquement, on peut même dire que certains responsables du CNLS travaillent pour que les différents réseaux d'associations de PVVIH ne s'entendent jamais, en les mettant tout le temps en concurrence et en leur accordant des privilèges qui, à bien des égards, s'apparentent à de la corruption. Troisièmement, les associations font également l'objet d'une attention particulière du CNLS à l'approche des journées nationales et internationales de lutte contre le Sida. Les membres des associations prennent part au défilé qui est filmé et retransmis à la télévision nationale, et pendant lequel la politique de santé du gouvernement est exaltée malgré ses insuffisances et son manque d'efficacité. Le CNLS n'a pas encore formalisé un cadre de concertation et de dialogue avec les associations.

Enfin, le CNLS ne joue pas suffisamment son rôle de coordination et est selon E. Gbaguidi de l'OCEAC à la source des phénomènes condamnables tels que le clientélisme et le tribalisme. Ce point est revenu avec insistance lors des entretiens. Selon certaines personnes, cette situation est due à l'insuffisance des moyens humain, matériel et financier accordés au CNLS pour son fonctionnement ainsi qu'au choix des personnes chargées d'animer cette structure. Largement perçue comme une manne, travailler au CNLS ou tout simplement sur le VIH/Sida est un rare privilège qu'on accorde à des « frères » ou des amis. La logique des recrutements n'est pas basée sur la compétence et le mérite entraînant des conséquences négatives sur la gestion du programme national de lutte contre le sida ainsi que sur les activités de prévention et de prise en charge des malades.

9. Conclusion : les nouvelles relations entre institutionnels et associations

Les relations entre les institutions de lutte contre le sida au Cameroun et les associations actives sur le terrain peuvent se caractériser de la façon suivante :

a) *Une « logique projet »* : on la retrouve à la fois au niveau des ministères et des bailleurs (bi ou multilatéraux). D'où la difficulté de tracer des perspectives, d'avoir une vision chez ses acteurs, qui se mobilisent lors d'un projet et du financement allant avec. Cela est le propre des départements ministériels ou du CNLS, mais pas seulement. Chez les bailleurs cela pose aussi la question de la pérennisation : le cadre est le temps du projet, et après ? Enchaîner par un autre projet ? Les associations doivent intégrer cette approche, cette imposition.

b) *un soutien non affiché* : des institutions reconnaissent à demi-mot appuyer des associations comme si cela n'était pas avouable et relevait d'une forme de compassion, mais en étant de plus hors mandat. Plusieurs institutionnels n'ont pas de lignes de crédit fixes pour soutenir la société civile. Parfois, ils comptent sur leur siège ou la générosité d'autres partenaires financiers. Quand bien même ils arrivent à accorder quelques financements aux associations, ils évitent d'en parler de peur de susciter des demandes qu'ils ne pourraient pas satisfaire par la suite.

c) *un financement tardif:* certains institutionnels bénéficient des subventions à deux ou trois mois de la fin de l'année. Les donateurs exigent que l'argent soit dépensé avant la fin de l'année, sinon cet argent serait remboursé soit à ce dernier, soit retourné au siège de l'institutionnel, sans aucune garantie d'une affectation prioritaire de ces fonds lors de l'exercice suivant. La question d'une réelle politique de financement et de soutien au monde associatif par les partenaires au développement et pouvoirs publics camerounais est ainsi posée.

d) *une sous-traitance* : des institutions confient des interventions à des associations qui elles-mêmes sous traitent. Se crée donc un marché, avec ses dépendants, mais ces derniers peuvent aussi revendiquer une place de correspondant direct avec le bailleur (CCM-CARE….).

e) *une instrumentalisation réciproque* : Certains institutionnels recourent souvent aux associations pour bâtir un projet et le mettre en œuvre. Cette logique a été intégrée. Les associations en jouent et se savent donc incontournables. D'où la possibilité d'instrumentalisation des associations par les institutionnels, et réciproquement, pour obtenir des financements, l'essentiel étant d'afficher le partenariat qui s'apparente à un vrai « marché de dupe ».

f) *un discours orienté sur les compétences et la professionnalisation des associations* : il se limite à l'acception qu'en ont les institutions/bailleurs (gouvernance, fonctionnement, gestion financière) qui est un élément mais pas le seul : ne pas oublier aussi la proximité avec le terrain, les personnes… C'est aussi un critère de compétences. Donc tout est pensé comme si c'était, par définition, aux associations de « se mettre à niveau ». Les institutions veulent-elles des associations « à leur image » ?

g) *un manque de coordination entre institutions* : appels à projets sur les mêmes thématiques, mêmes cibles ; absence d'outils communs, par exemple pour les rapports d'activités et financiers. Ce qui peut obliger les associations à rédiger les rapports de leurs activités à partir de formats différents.

h) *une volonté de structuration du tissu associatif* : une exigence très présente dans le discours des structures rencontrées. Pour certains institutionnels rencontrés, dire publiquement qu'ils financent les activités des associations est plutôt gratifiant pour eux. Généralement, le choix est porté vers des structures bien connues du grand public. Le message in fine est de donner l'impression que leur soutien s'adresse en priorité à des associations ayant une très bonne organisation et un fonctionnement optimal. Les faits donnent souvent des contre exemples à cette position prise publiquement. Quelle logique et quels enjeux sont en cours ici ? Positionnement, amélioration de son image? C'est à se demander si le concept de la « responsabilité sociale des entreprises » promu à grand renfort de publicité n'a pas influencé la démarche de certains institutionnels.

i) *Un besoin de disposer d'une typologie des associations* en fonction de leurs missions, leurs structurations, leurs moyens, etc. Pour un tiers des personnes interrogées, l'association est un terme générique, un fourre tout. Une classification des associations sur la base de certains critères permettrait de nuancer le regard, au demeurant sévère, de certains institutionnels et peut-être mesurer les efforts à faire pour tirer vers le haut les associations les moins fortes. Cela permettrait de répondre à la difficulté des institutionnels à identifier des associations « sérieuses » avec lesquelles ils pourraient envisager une collaboration. Ce point pourrait être analysé en le rapprochant de la question sur la professionnalisation des associations ou de la typologie évoquée plus haut.

Chapitre 2

Les associations : organisations, dynamiques et évolutions

Roméo NGANHA & Guy-Bertrand TENGPE

1. Introduction

Le propos de ce chapitre est de comprendre quelles sont les configurations actuelles des associations dans un contexte marqué par l'insertion de représentants d'associations dans l'instance de coordination du Fonds Mondial au Cameroun (le CCM) (depuis mi 2008) ; la crise du RECAP+, premier réseau de personnes vivant avec le VIH (depuis le début de 2008) ; la gratuité des traitements antirétroviraux (depuis mai 2007). Il s'agit donc de comprendre comment les associations de lutte contre le sida composent avec ces nouvelles expériences, contraintes, et attentes placées en elles pour faire face aux défis actuels.

Pour répondre à ces interrogations, nous avons effectué des enquêtes de terrain à partir d'un protocole d'entretien semi directif au sein de neufs associations réparties dans trois régions du Cameroun : le Centre, le Littoral et l'Ouest.

2. Méthodologie

Pour comprendre le fonctionnement des associations, nous avons mené des entretiens avec leurs responsables et certains de leurs membres, assisté à des réunions et activités et exploité des documents. Nous allons commencer par présenter ici les caractéristiques générales des associations et des personnes enquêtées.

2.1. Présentation des associations

D'avril 2010 à février 2012 et en fonction de leur expérience dans le domaine de lutte contre le sida au Cameroun, nos enquêtes ont porté sur les associations ci-dessous :

- AFASO, AFSU et CEAM dans la région du Centre (Yaoundé) ;
- AFSUPES, SUNAIDS et SWAA dans la région du Littoral (Douala) ;
- ACASEPO, COLIBRI (Bafoussam) et DAUPHIN (Foumban) dans la région de l'Ouest.

Deux types d'associations ont été étudiées :

- Associations de personnes infectées (groupe homogène comportant uniquement des PVVIH) : DAUPHIN, AFSU, CEAM
- Associations de personnes infectées et personnes affectées (groupe hétérogène admettant aussi bien les PVVIH que des « sympathisants ») COLIBRI, AFASO, AFSUPES, SWAA, SUNAIDS, ACASEPO.

Au niveau du genre, nous avons deux types d'associations :

- des associations mixtes (hommes et femmes) : SWAA, SUNAIDS, ACASEPO, COLIBRI, AFSU, et DAUPHIN.
- des associations de femmes uniquement : AFASO et CEAM.

2.2. Présentation des enquêtés

Cent un membres d'associations ont été entretenus dont 23 hommes et 78 femmes. Le niveau scolaire va du primaire à l'université ; mais la constante suivante est à relever : les personnes qui dirigent les projets (chef de projet, coordonnateur) ont un niveau académique relativement élevé contrairement aux autres membres qui ont pour la plupart un niveau scolaire bas.

Nous avons interrogé le personnel (ou membre permanent), les bénéficiaires/membres et les personnes de l'équipe dirigeante (coordonnateur, président …).

3. Genèse des associations

Trois éléments conjoncturels et structurels ont présidé à la création et au développement de l'action associative au Cameroun :

1. La Loi N°90/053 du 19/12/1990 relative à la liberté associative au Cameroun a provoqué un foisonnement d'associations dans le domaine de la santé en général et du VIH/Sida en particulier. Elles sont venues répondre au besoin d'une meilleure prise en compte des préoccupations des PVVIH ;
2. L'organisation de la septième conférence sur le sida en Afrique, tenue à Yaoundé en 1992, a provoqué l'essor des actions en matière d'IEC et, de fait, la création des associations de lutte contre le sida censées contribuer à ces efforts en direction de la population. Elles naquirent surtout dans les deux grandes agglomérations camerounaises : Yaoundé la capitale politique et, dans une moindre mesure, Douala, la métropole économique. Aujourd'hui, on voit une plus grande concentration dans les métropoles mais on peut aussi observer la présence de quelques associations en zone rurale.
3. Les appuis des bailleurs de fonds et du gouvernement sont conditionnés par des regroupements associatifs.

On distingue trois types d'initiatives de regroupement associatif : personnelle, collective et organisationnelle.

3.1. L'initiative personnelle

Les associations qui sont classées dans cette catégorie sont le fruit de l'histoire des individus qui les ont portées. Dans leur grande majorité, elles ont été créées par des personnes infectées ayant déjà milité dans une association de lutte contre le VIH/Sida et ayant décidé de monter une association suite à la participation aux rencontres internationales. Il s'agit d'AFASO au Centre et ACASEPO et COLIBRI à l'Ouest.

Historique de la création d'AFASO

L'association des femmes actives et solidaires AFASO a été créée en 1999 suite à la participation de Pauline Mounton (membre d'AFSU) à un atelier de formation à Kampala sur l'éducation et l'autonomie des femmes séropositives en Afrique, du 25 au 30 mai 1999. Cette formation de six jours organisée par l'ICW (International Community of Women living with HIV/AIDS) et la NACWOMA (National Community of Women living with HIV/AIDS in Uganda) avait pour objectif d'améliorer la qualité de vie des femmes vivant avec le VIH-Sida et de réduire leur sentiment de peur et d'isolement. Une fois de retour au Cameroun, Mme Mounton ayant constaté que l'AFSU ne prenait pas en compte les problèmes spécifiques des femmes, décida de recruter des femmes séropositives afin de former une association à Yaoundé. Avec sept autres femmes séropositives, elles rédigèrent leurs statuts et règlement intérieur afin d'obtenir une reconnaissance légale. L'association est donc légalisée en mai 2000 et son siège est basé à Yaoundé.

Historique de la création d'ACASEPO

L'association ACASEPO naît sous l'initiative d'un jeune homme qui revient de Thaïlande et veut partager avec ses compatriotes camerounais la vision et l'expérience de la lutte acquise ailleurs : « *Déjà il faut que je vous dise que je suis venu au Cameroun avec l'expérience d'ailleurs. Je sortais de Thaïlande où je militais dans une association de PVVIH, je sortais d'un pays où il y avait une autre perception des choses et lorsque j'arrive au Cameroun et précisément à l'Ouest, il y avait déjà deux associations à Bafoussam à savoir COLIBRI et APICAM. Mais les autres n'avaient pas la même vision que moi. J'avais une autre vision qui était celle que j'avais importée et il valait mieux créer une association afin de mieux mettre cette vision là en exergue, ce qui pouvait permettre aux gens de comprendre autrement la chose. D'ailleurs, lorsque j'arrive et que je crée l'association, les premières activités que mènent les membres d'ACASEPO à l'époque c'est des sensibilisations auprès des élèves* ».

Ce membre fondateur d'ACASEPO souhaite rendre visible le VIH dans un contexte où des doutes, le déni quant à son existence est fortement présent. Il exprime sa vision de la lutte en ces termes : « *...pour la première fois, les élèves pouvaient comprendre que certains gens peuvent vivre avec le VIH, des choses qu'ils n'entendaient qu'à la radio. Ils voyaient des gens faire des communications de proximité face à eux pour leur dire qu'ils vivaient avec le VIH (quelque chose que si j'avais su avant d'aller en Thaïlande j'aurais été certainement plus prudent). Donc les élèves, les enfants ont vu que les choses étaient palpables et notre stratégie a payé puisque les gens sortaient de plus en plus du maquis de la maladie, c'est-à-dire les gens sortaient du fait qu'ils étaient toujours en cachette pour comprendre que si des gens nous disent qu'ils vivent avec et que c'est vrai, pourquoi nous aussi nous ne pouvons pas prendre le risque de nous rendre dans les hôpitaux et nous soigner. Donc j'avais une nouvelle vision des choses et aujourd'hui sans me vanter je peux croire que ma vision a été payante parce que ACASEPO continue à vivre et continue à faire des bonnes choses* ».

Historique de la création de COLIBRI

L'histoire de l'association COLIBRI commence en 2000 avec la découverte de la sérologie positive d'un homme qui décide de devenir « *un instrument de lutte contre l'infection à VIH/Sida* ». Il crée donc une association dénommée COLIBRI le 7 juillet 2001 et légalisée deux mois plus tard, le 25 septembre 2000. COLIBRI s'inscrit dès sa création dans une dynamique contestataire de la logique de fonctionnement qui existe dans la lutte contre le VIH sida et veut replacer la PVVIH au centre de la lutte : « *Pour les uns, nous étions ce révolté qu'il fallait exclure de toutes les associations des PVVIH, car nous pourrions devenir gênant pour les apparents privilèges dont ils jouissaient auprès des personnes qui pilotaient certains projets et programmes...s'arrangeaient à ce que la PVVIH occupe le bas de l'échelle en terme de poste de travail, de gratification, de salaire et de frais de mission. Ils trouvaient qu'une PVVIH devrait être au « banc de touche » au moment d'un repas dans un hôtel, emprunter un « patin » au moment où les autres démarrent les grosses cylindrées au nom du VIH parce qu'une personne de ce genre était d'emblée un candidat à la mort et il fallait l'éloigner de certains privilèges... pour formuler toutes ces préoccupations en action concrètes, le chemin a été et demeure long* » (Président COLIBRI, Rapport d'activités 2004).

Les associations créées sous l'impulsion d'une initiative personnelle laissent apparaître une démarcation individuelle des initiateurs et une volonté de partager les expériences acquises au contact d'autres associations étrangère ou lors des rencontres internationales.

3.2. L'initiation d'un groupe

Parmi ce type, l'on distingue celles qui ont été créées par un groupe de personnes infectées (DAUPHIN, SUNAIDS) ou sous l'impulsion d'un ou plusieurs professionnels de santé (AFSU, CEAM).

Historique de la création du CEAM

CEAM est une association à caractère social, laïque, apolitique et à but non lucratif. Créée en 2003 sous l'impulsion du Dr Nténé alors médecin à la Fondation Chantal Biya (FCB). Ce dernier avait pris l'initiative de convoquer une vingtaine de femmes afin qu'elles puissent se réunir pour se soutenir et partager leurs problèmes mais aussi pour apporter leur appui aux nouvelles personnes infectées de la FCB. « *Je suis venue faire mes visites prénatales et le Dr Nténé m'a invité à une rencontre des femmes qui étaient comme moi. Madame Pauline Mounton nous a aidées pour la mise en place de cette association en partageant avec nous son expérience et son appui technique et administratif. Après la mise sur pied de notre bureau, elle est partie et nous avons légalisé l'association en 2004* » nous révèle une membre du CEAM.

Historique de la création de SUNAIDS

L'association SUNAIDS naît sous l'impulsion d'une femme, cadre dans une entreprise à Douala qui, bien que bénéficiant d'un accès au traitement ARV encore très coûteux, est confrontée à d'énormes difficultés psychologiques. Elle se lance dès lors avec trois autres femmes infectées par le VIH dans la mise en place d'un cadre où elles pourraient bénéficier d'un soutien psychologique. Cet espace de soutien est baptisé « week-end psychologique ». Au fil des rencontres, le groupe reçoit de nouveaux participants et ces personnes décident de formaliser leurs activités dans le cadre d'une association en 2000.

Historique de la création de la SWAA

La Society for Women and AIDS in Africa est une ONG africaine créée en 1988 lors de la Conférence sur le sida à Stockholm, en vue de mettre en place un forum où les femmes d'Afrique puissent mener des actions collectives de lutte contre le sida. Elle existe dans 36 pays africains. La branche nationale camerounaise a vu le jour en 1990, elle est subdivisée en six branches provinciales (régionales aujourd'hui) : Centre, Littoral, Est, Nord-Ouest, Sud et Sud-Ouest. La SWAA-Littoral est créée en 1991 par des professionnels de santé dont le Dr Meilo (figure pionnière dans la lutte contre le sida au Cameroun).

3.3. Besoin d'indépendance

Certaines associations sont nées à la suite du démembrement d'une plus grande. La tutelle de l'association-mère de départ n'existe plus et l'on assiste à une renommination des antennes (AFSU Douala devient AFSUPES, AFSU Bafoussam devient APICAM) même si les objectifs restent les mêmes.

Historique de la création d'AFSUPES

L'association AFSUPES part de AFSU Yaoundé qui avait installé une branche à Douala. Après quelques années, AFSU Douala devient une association autonome, avec ses statuts et son siège : « *Lorsque le VIH commence, ce sont les médecins qui plaident pour la prise en charge, mais à un moment donné, les institutions voulaient que les principaux concernés se montrent. Tout commence en 1996 date à laquelle AFSU pense à créer des antennes. Une antenne est créée à Douala.* De 1996 à 2002, un mouvement se crée progressivement : « *Le besoin d'autonomie, de fonctionner seule sans la tutelle de AFSU Yaoundé se fait de plus en plus ressentir. En 2002, AFSUPES est créée avec ses statuts, ses règles et nous avons un récépissé. Ce qui singularise l'association d'AFSU c'est qu'elle veut transmettre un message d'espoir à travers les groupes d'auto support. Et la solidarité est venue du fait qu'on voulait que les gens ne se sentent plus isolés* ».

On pourrait en guise de synthèse considérer que les motivations qui ont présidé à la création d'associations sont :

- donner une image, une visibilité au VIH/Sida ;
- créer un réseau d'auto-support autour des PVVIH ;
- respecter et faire respecter l'éthique afin d'assurer une justice sociale pour les PVVIH et leur entourage ;
- permettre la participation des PVVIH dans les instances de concertation nationale et internationale ;
- mobiliser les ressources autrefois dévolues uniquement aux médecins, aux ONG et aux autres intermédiaires.

Qu'elles soient initiées par un individu, un groupe de personnes ou par besoin d'autonomie ou d'indépendance, les associations enquêtées ont été créées par la nécessité d'apporter quelque chose de nouveau, quelque chose en plus de ce qui se faisait dans les structures existantes. On peut également lire un besoin de rupture avec les logiques de fonctionnement du moment, un combat pour une gestion saine des financements liés au VIH, la mise en avant des PVVIH ou encore un positionnement en faveur de l'autofinancement des associations.

Tableau 3 : Présentation des associations enquêtées

Régions	Associations	Date de création	Date de légalisation	Siège
Ouest	DAUPHIN	2003	mai 2004	Foumban, hôpital de District
	ACASEPO :	avril 2004	juillet 2004	Bafoussam, Agences de voyage
	COLIBRI	juillet 2001	septembre 2001	Bafoussam, A coté domicile Tankou
Centre	AFSU	Juillet 1988	1994	Yaoundé, Terminus Mimboman
	AFASO	1999	Mai 2000	Yaoundé, Texaco Obili
	CEAM	2003	2004	Yaoundé, Fondation Chantal Biya
Littoral	SUNAIDS :	1999	15 janvier 2000	Douala, Bali Face Adlucem
	AFSUPES	mai 1996	28 février 2002	Nouvelle route kilomètre 5
	SWAA	1990	11 Mars 1991	Douala, Akwa, Rue Foch

4. Evolution des objectifs des associations

Les associations de lutte contre le VIH/Sida sont des organisations à caractère social, apolitique et à but non lucratif.

Elles admettent en leur sein des personnes des minorités sexuelles (COLIBRI) d'horizon divers et sont sans distinction de religion, d'âge, de race ou de sexe (à l'exception d'AFASO et CEAM qui sont des associations de femmes). Dans l'ensemble leurs objectifs initiaux ont évolué au fil du temps comme que nous le confie le président d'ACASEPO « *Je veux vous avouer que la vision et les objectifs du départ nous le prenions à une époque où nous-mêmes qui créions l'association n'avions pas une véritable connaissance en matière de lutte contre le VIH/Sida. Et vous savez que la lutte certes est perpétuelle mais elle est mouvementée ça veut dire qu'il y a des nouvelles idées dans la lutte qui naissent et notre envie permanente d'aller à la perfection - certes il est vrai que nous n'atteindrons jamais la perfection - mais notre envie d'arriver au zénith, d'arriver au sommet nous pousse quelques fois à revoir nos objectifs et à revoir notre vision. Notamment, lors de nos assemblées générales, si nous constatons qu'il y a un objectif qui est dépassé, et qu'il y a un objectif qui a une vision futuriste, nous avons la latitude de l'intégrer dans nos nouveaux objectifs mais ceci se fait lors de nos assemblées générales* ».

Ces objectifs ont évolué et l'on constate qu'ils ont changé. A leur création, leur leitmotiv était de regrouper les PVVIH, assurer l'accompagnement psychosocial des personnes infectées par le VIH, de leur entourage et avoir accès aux soins. L'auto support est une composante principale des activités menées par les associations de même que le plaidoyer. On peut citer ainsi trois grands moments dans l'évolution des objectifs :

Le 1er moment qui symbolise la création des associations. Les associations sont alors centrées autour de l'auto support avec des activités comme les groupes de paroles, le relais d'informations juste sur le VIH, pour aider les PVVIH à faire face à la discrimination et à la stigmatisation ;

Le 2e moment est celui de la montée en puissance des associations qui mettent un accent particulier sur l'accès aux soins, le plaidoyer en plus des activités traditionnelles d'auto support ;

Le 3e moment intervient avec la gratuité des ARV : le développement des activités spécifiques (AGR) adressées à des publics précis (les OEV). Un membre d'association reconnaît qu' « *avec la gratuité des ARV, il fallait orienter nos énergies vers la quête de financements en vue du soutien aux indigents, le suivi des personnes sous traitement, la prise en charge des OEV qui pour la plupart n'allaient pas à l'école* ». Et un autre d'ajouter : « *Au fil du temps les choses ont évolué et on s'est dit ne regarder que l'aspect psychosocial à un moment donné, c'était dépassé bien que la stigmatisation demeure toujours. On avait déjà bien travaillé ce volet et les membres de notre association étaient déjà bien sur le plan psychosocial. On a pensé qu'il fallait évoluer en prenant en charge les enfants des membres d'où sont nées les activités de PEC des OEV* ».

Il faut cependant reconnaitre que même si les objectifs ont changé, ils sont pour la plupart impulsés par le leader de l'association ou les bailleurs *« Je crois que s'ils (les bailleurs) nous avaient prévenu que le financement que nous recevions ne pouvait pas être disponible dans quelques temps, on pouvait [d'ores et déjà anticiper et] mettre de bases solides pour essayer de nous prendre en charge de façon autonome. Les bailleurs de fonds ont tout simplement disparu à un moment comme ça où nous nous attendions le moins »,* déclare un responsable d'association.

Cette disparition de bailleurs dès 2008 serait due d'une part à la crise économique qui a amené certains d'entre eux à restreindre la liste des associations qu'ils soutenaient ou à diminuer le volume des subventions. D'autre part, certaines associations auraient perdu le soutien des bailleurs de fonds du fait des malversations ou de la mauvaise gestion des subventions reçues. C'est du moins ce qui ressort de ces propos d'une membre d'association : « *moi je vois que l'association se dégrade de plus en plus car il n'y a plus d'activités comme par le passé. Les gens font les choses pour eux-mêmes, dès que quelqu'un trouve son compte, il abandonne et il part. Par exemple quand un membre arrive à la tête de l'association (devient président) il recherche son fonds de commerce et il part se chercher. Plusieurs présidents sont partis ainsi. C'est-à-dire que lorsque un membre est élu à la présidence, il se dit que c'est une orange qu'il faut sucer or il oublie de mettre les garde-fous* ».

Ou encore : « *Je sais que beaucoup d'acteurs institutionnels et de bailleurs ne font plus confiance à cette association. A cause de la mauvaise gestion financière de l'ancien président, l'association a perdu la confiance de plusieurs partenaires. Cependant, il faut louer les efforts de la présidente actuelle qui essaie de redonner confiance aux bailleurs* ».

Enfin, le problème de leadership justifierait le départ de certains bailleurs : « *quand je suis arrivé dans cette association, il y avait un problème de leadership [...]. Nous sommes victimes de nos propres erreurs. Quand vous arrivez dans une maison telle que celle-ci et qu'il y a un problème de leadership, chacun voulant tout gérer... Le coordonnateur ne respectait pas la présidente et prenait des décisions à l'insu de cette dernière. C'était une lutte ouverte. Même en présence d'autres associations, de bailleurs et des visiteurs leur conflit était manifeste. La pauvreté rend l'homme cruel!* ».

A côté des considérations liées aux financements extérieurs, et au contexte général, de la lutte contre le VIH Sida, on peut observer un autre type de révolution interne qui a entrainé une modification de leurs objectifs et de leurs statuts. C'est le cas d'ACACEPO : « *Les statuts de l'association ont véritablement changé. Les statuts de 2004 ont été améliorés à 80%. En 2004, nous disions que nos moyens financiers venaient des dons et des legs, aujourd'hui, le message a changé. Nos moyens financiers ne viennent pas des dons et des legs que nous ne voulons d'ailleurs plus parce que nous pensons qu'au lieu de nous donner du poisson, vaut mieux nous apprendre à pécher. Donc nos finances viennent de nos idées novatrices, de nos activités génératrices de revenus, de nos cotisations personnelles, et puis des éventuels appels auxquels nous soumissionnons ; vous voyez qu'il y a eu un changement c'est-à-dire de 2004 où nous tendions la main en fermant les yeux pour voir qui pouvait nous aider, aujourd'hui nous n'avons plus besoin de ça* (ce qui justifie d'après les documents exploités le changement de devise. L'association est passée de « Mains dans les mains » avant 2009 à « Séropositifs, nous menons une vie positive ») *Et même j'affirmais quelque part que si quelqu'un nous donne de l'argent, il ne nous a pas aidé mais si quelqu'un nous donne un moyen pour avoir de l'argent, je crois qu'il est à louer* ».

5. Gouvernance et actions des associations

5.1. Gouvernance

La gouvernance dans la grande majorité des associations a connu une réelle évolution du fait du contact avec les bailleurs de fonds. Comprenant au départ un comité de gestion ou un bureau exécutif, ces associations sont dotées actuellement d'un « bureau politique » (Conseil d'administration ou Bureau exécutif) et d'un bureau opérationnel (constitué de la coordination et des chefs de projets ou responsables d'activités). Toutefois, il faut noter que l'Assemblée générale reste statutairement l'organe suprême et souverain au sein de ces associations. A titre illustratif, nous prendrons le cas d'AFASO.

A sa création AFASO compte deux organes : l'assemblée générale et le Bureau exécutif. Aujourd'hui, elle en compte 4 : l'assemblée générale, le bureau exécutif, le conseil des sages et la coordination.

D'après les statuts de cette association, l'assemblée générale est l'organe suprême de délibération et de décisions. Elle regroupe l'ensemble des membres régulièrement inscrits et à jour de leur cotisation. Elle tient ses réunions en séance ordinaire deux fois par mois (un jeudi sur deux) et en séance extraordinaire quand l'intérêt de l'association l'exige sur simple convocation de la présidente ou des ¾ des membres et obligatoire en fin de mandat. Elle est chargée de : définir la politique générale de l'association, élire ou révoquer les membres du Bureau exécutif, fixer les taux de cotisation annuelle, examiner et approuver les documents financiers et des comptes, modifier les statuts, décider de la dissolution de l'association, adopter l'ordre du jour à l'occasion des sessions.

Le Bureau exécutif est l'organe élu par l'assemblée générale extraordinaire et chargé d'assurer la gestion courante de l'association. Son mandat est de deux ans renouvelable. Il se réunit une fois par mois et, quand l'intérêt de l'association l'exige, sur simple convocation de la présidente. Les postes ne sont pas cumulables en vue de favoriser l'alternance et encourager la participation active de toutes. Il se compose de :

- Une présidente ;
- Une vice-présidente ;
- Une secrétaire générale ;
- Une trésorière ;
- Deux commissaires aux comptes.

Le conseil de sages : il constitue l'instance de conseil et de résolution des litiges au sein de l'association. Il joue un rôle consultatif pour des questions importantes dans la vie de l'association : préciser les objectifs de l'association lorsque ceux-ci tendent à être bafoués, ratifier avant leur application des mesures urgentes prises en dehors de l'Assemblée générale. Il est constitué des membres fondateurs d'AFASO, des anciennes présidentes, de la doyenne d'âge, de la plus jeune membre en âge et de deux autres personnes-ressources de l'association.

Enfin la coordination : elle est constituée d'un personnel technique et salarié et qui est lié à l'association par un contrat qui définit les attributions de chacun. Ses attributions sont les suivantes : rédaction des projets ; recherche des financements ; planification et mise en œuvre des activités ; rédaction du plan d'action et des rapports d'activités ; enfin, rendre compte au bureau exécutif. En général, le personnel de la coordination est salarié et d'un niveau scolaire ou académique élevé.

D'autres associations n'ont guère évolué sur le plan organisationnel. Il s'agit de DAUPHIN et de CEAM qui n'ont véritablement pas de projet associatif et qui n'ont aucun partenaire financier direct. Enfin, notons que les fondateurs d'associations tendent à rester longtemps à leur tête, depuis leur création : en revanche, dans les associations créées par un groupe de personnes, existe l'alternance (DAUPHIN, CEAM, AFSU).

5.2. Actions

Les activités des associations de lutte contre le sida peuvent être regroupées en activités de prise en charge, soutien/Accompagnement des PVVIH et OEV, plaidoyer et défense des droits des minorités sexuelles (MSM).

Activités en lien avec la prise en charge médicale :
- La prise en charge médicale complète : SWAA Littoral
- Le soutien médical (paiement des ordonnances, paiement des bilans ou charges virales et autres, achat des médicaments : fait par presque toutes les associations ;

Activités de soutien économique et matériel :
- AGR ;
- Soutien matériel (aliment, fournitures) etc.

Activités au sein de la communauté :
- Soutien aux OEV ;
- Prévention et sensibilisation, écoute (dispositif allo info sida) ;
- Visites à Domicile (VAD) ;
- Activités auprès des populations spécifiques : les prisonniers, les travailleuses de sexe etc.

Activités au sein des structures hospitalières :
- Counselling ;
- Visites à l'Hôpital (VAH) ;
- Activités de plaidoyer :
- Défense des droits des MSM…

En comparant l'évolution des objectifs et des activités, on peut se rendre compte que les premières ont dans un premier temps suivi l'évolution des secondes. On peut ainsi observer un boom des activités autour 2008 juste après la gratuité des ARV qui consacre le 2ème moment dans la lutte. Après 2008, pour presque toutes les associations, les activités subissent un réel ralentissement.

De ce fait, les activités sont allées décroissant pour AFSUPES, COLIBRI, AFASO et SUNAIDS depuis 2008. SUNAIDS, ACASEPO, AFSU fonctionnent presque au ralenti parce que plusieurs projets n'ont pas été reconduits par les bailleurs. Le CEAM, DAUPHIN n'ont pas de projet associatif et continuent à siéger dans les hôpitaux. La SWAA seule réussit à assurer la plupart de ses projets en cours.

5.3. Mécanisme de choix des actions à mener

Choix centré sur l'équipe dirigeante : CEAM, DAUPHIN

Certains membres d'associations se sentent délaissés dans le choix des actions à entreprendre. Leur avis est facultatif et n'a aucune influence sur le choix des activités. C'est ce qu'expriment ces paroles : « *Actuellement, le choix dépend beaucoup du président et de son équipe* » ; « *C'est la hiérarchie c'est-à-dire le président et la coordonnatrice* » ; « *les membres ont l'impression qu'ils ne 'foutent' rien. On fonctionne de manière professionnelle depuis deux ans. Le conseil d'administration donne mandat à la coordination. L'avis des membres est facultatif* ». D'autres ne s'y intéressent même plus car « *la présidente et la trésorière gèrent tout* ».

Le consensus (démocratie) : AFASO, ACASEPO

Là, les membres constatent que le choix des actions à mener est fonction des besoins ou des capacités de l'association et de ses membres : « *Les projets se choisissent en fonction des besoins de l'association* » ; « *Pour les projets, on tient compte des aptitudes et des attitudes. Un projet est monté sur la base des besoins du terrain et on attend le financement* » nous confie un membre d'association. Les décisions prises sont le fruit d'un consensus en assemblée générale. Ainsi, pour un montage de projet, la discussion a lieu dans le collectif avant sa négociation auprès d'un bailleur. C'est le cas du projet d'élevage de porc conçu par les membres d'ACASEPO et financé par le PNUD en 2010-2011.

L'imposition des bailleurs : l'argument économique (COLIBRI)

Cela se passe en général via un appel à candidature que lancent les bailleurs et partenaires financiers. Les thématiques, les actions sont au préalable définies et l'association soumissionne pour exécuter le projet en question. Cette dernière n'a aucune influence sur le choix des thématiques de l'appel à projet. Elle ne fait que s'y plier. Cette disponibilité des financements sur des thématiques prédéfinies par les bailleurs amène les associations à adapter leurs activités en s'engageant sur des axes où l'argent est disponible.

Une interaction entre le consensus démocratique et l'imposition des bailleurs : SWAA

Le mécanisme de choix se construit autour de deux trajectoires : bailleur-association ; association-bailleur. On peut y lire une construction progressive des activités inspirée par les besoins des bénéficiaires : « *le choix se fait en fonction de la demande des bénéficiaires. C'est en fonction des difficultés du terrain* » ; « *N'importe quand, quand tu as un problème, tu viens le poser au service social* ». Autrement dit, « *toutes les activités viennent de la grande mission de la SWAA. Certains bailleurs peuvent nous proposer des activités selon ce qui se fait ailleurs. Les bénéficiaires sont impliqués. Les membres sont impliqués dans les activités où ils ont des capacités* ».

Une juxtaposition des trois modèles (centré sur l'équipe, consensus démocratique et centré sur les bailleurs) : AFSUPES, SUNAIDS

Ces associations utilisent les trois modes dans leur fonctionnement au quotidien. L'appréciation du mécanisme dépend de la position occupée par l'interviewé dans la structure. Pour les membres de l'équipe, le choix se fait par consensus démocratique ou par imposition des bailleurs. Pour les autres membres de l'association, le choix est centré sur l'équipe dirigeante : ils y voient une défaillance dans la communication et le partage de la vision (par tout le monde) dans ces associations.

La coexistence de ces trois modes est sous-tendue par des logiques telles que : la logique projet où domine les choix du bailleur, la logique de suivi de l'association et celle du fonctionnement associatif où tous les membres sont en droit d'être informés et associés à la vie de l'association.

Il ressort donc de nos observations que les membres d'associations participent peu ou presque pas aux décisions du fait de leur faible niveau scolaire et de leur précarité financière, comme l'affirme ce membre du COLIBRI : « *certains débats ont lieu en Assemblée générale mais la plupart du temps, la grande majorité des membres n'y comprennent rien car ils n'ont pas le niveau requis. Il y a parmi nous comme dans beaucoup d'autres associations de LCS [lutte contre le sida] des membres qui ne peuvent pas comprendre ce qu'on leur explique quelle que soit l'explication que tu leur donnes* ». Donc, les activités menées par les associations sont en général définies par quelques membres, souvent de l'équipe dirigeante. Les choix de ces derniers sont assujettis à ceux des bailleurs en fonction des appels à projets. Les membres d'associations n'ont pas d'influence réelle sur ces activités c'est pourquoi beaucoup ne trouvant pas leur compte quittent l'association ou viennent très rarement aux rencontres (dès lors que les déplacements et les repas sur place ne sont plus financés). Les décisions sont donc l'apanage d'une minorité ou des partenaires financiers.

6. Les ressources des associations

6.1. Les ressources financières

Les ressources financières des associations de lutte contre le sida proviennent de :

- Cotisations et contributions des membres ;
- Appuis des organismes, des ONG et du gouvernement ;
- Dons et legs ;
- Retenues sur le montant des prestations de services menés par leurs membres. Elles sont de 5% dans la grande majorité des associations.

Dans la réalité, les associations dépendent quasi exclusivement du financement des bailleurs de fonds. C'est pourquoi, du fait de l'absence de financement des activités associatives de nos jours par les bailleurs de fonds externes, on note un désintérêt qui se manifeste par la baisse drastique des effectifs et des champs d'actions des associations.

En effet, pour l'année 2008 à AFSUPES, les cotisations des membres ne représentent que 43 millions de Fcfa du budget de l'association. La participation nationale est également fortement inférieure à celle de l'extérieur soit environ 8 millions soit moins de 20% du total. L'association dépend donc à 80% des partenaires étrangers. Nous pouvons constater que sur trois ans le budget a considérablement diminué. Il est passé de 43 millions Fcfa en 2008 à 10 millions en 2010. En même temps, les cotisations qui atteignaient 1 235 000 Fcfa (120 personnes ont cotisé) ne sont plus que de 319 000 Fcfa, représentant celles d'une trentaine de personnes. Aussi, dans toutes les associations ayant un siège, l'eau, l'électricité, le loyer sont soutenus par les bailleurs de fonds ce qui augmente le degré de dépendance face aux bailleurs.

Notons qu'il est difficile d'avoir des données agrégées des neuf associations étudiées car les documents financiers n'étaient pas accessibles dans certaines associations et presqu'inexistantes dans d'autres (DAUPHIN, CEAM).

Toutefois, nous avons relevé ce qui suit dans quelques associations :

- ACASEPO : en 2008 le financement des bailleurs est de 5 482 567Fcfa. Les cotisations des membres nous dit le rapport d'activités 2008 ont servi à l'organisation de quatre causeries éducatives non chiffrées ;
- DAUPHIN : le rapport de 2008 montre que deux activités ont été menées : une formation sur la gestion de la confidentialité et le counselling organisée par la GTZ et le renforcement des capacités en droit et devoir des veuves après le décès du conjoint par l'ASDEG ;
- AFASO : en 2008 les dépenses se sont chiffrées à 68 739 289 dont 3 347 215 de fonds internes à l'association avec 1 670 000 fruit des AGR.

6.2. Les ressources humaines

Les membres d'associations sont des personnes infectées et affectées par le VIH/Sida. Sur la base des capacités et des formations reçues, les membres actifs sont orientés vers une activité de l'association ou recommandés à une institution.

Généralement, la première formation à une activité se fait « sur le tas », par un membre plus ancien familier de l'activité en question. En plus les membres bénéficient des formations organisées par leur association ou par des partenaires. Ci-dessous quelques thèmes de formation reçus par les membres d'AFSU :

- Aspects sociaux et juridiques autour du VIH organisée par le REDS ;
- Elaboration et conduite des microprojets par la FICR ;
- Counselling sur le VIH/Sida ;
- Prise en charge globale des PVVIH ....

Aussi, toutes les associations rencontrent de nos jours un problème d'effectif qualitatif et quantitatif. Cela se manifeste par le départ d'anciens membres et le faible taux d'adhésion de nouveaux.

Ainsi, en analysant les rapports d'activités de COLIBRI, il ressort que cette association a vu son effectif s'amenuiser avec le temps. L'intérêt et l'engouement observés au début du mouvement associatif se sont quelque peu estompés aujourd'hui. En 2004, elle comptait 115 membres dont 35 se consacraient entièrement aux activités permanentes du counselling. Aujourd'hui, elle compte une trentaine de membres actifs avec une moyenne de 15 membres aux réunions hebdomadaires. Paradoxalement la gouvernance de l'association a été renforcée. Cela, dans le but de répondre aux exigences des bailleurs de fonds qui souhaitaient avoir dans les associations une coordination ou un comité de gestion des projets qu'ils finançaient. Du coup en fonction des compétences requises on faisait appel aux personnes externes et à celles qui les remplissaient dans l'association, Or, certains membres d'associations n'ont pas apprécié cela. Aussi, la participation à certains projets ou le recrutement à des postes tels que ceux de CPS nécessite au moins le BEPC, que n'ont pas la majorité des associatifs. On est également passé d'un Comité de gestion de quatre membres à deux organes de gestion dont le Conseil d'administration (5 membres) et la coordination (11 membres). Pour justifier cette baisse drastique de l'effectif des membres et des activités d'associations un membre du COLIBRI explique : « *Le traitement est aujourd'hui gratuit et vulgaire. Beaucoup de témoignages ont été faits, l'accès aux informations est facile. On se connaît tous et il n'y a plus de nouveauté dans le VIH/Sida. Les fonds que possèdent l'association ne suffisent plus pour satisfaire ses membres. Aujourd'hui, il faut être chanceux pour prendre part à un séminaire ou à une formation quelconque. Les membres ne parviennent pas à s'acquitter des frais de déplacement or cela leur était gracieusement offert. Les thèmes développés ne retiennent plus l'attention des membres, c'est la routine. Certaines personnes venaient en association à la quête des époux et dès lors que leur objectif était atteint, ils partaient. La présence des CPS dans les hôpitaux leur a facilité la tâche. Il suffit de s'y rendre et de leur poser leur problème* ».

6.3. Les statuts

Sous l'impulsion des bailleurs de fonds, les statuts dans les associations ont connu une nette évolution. La venue des projets dans les associations et les subventions de bailleurs de fonds y ont largement contribué. Désormais les membres d'association retenus dans le cadre de projets de recherche perçoivent un salaire. Généralement, il s'agit, en interne, de la coordonnatrice, des permanents et du comptable. En externe, il s'agit des personnes recrutées par les partenaires ou les bailleurs tels que le GIP ESTHER (en qualité de CPS) ou le GTR (ARC). Le nombre de personnes salariées dépend du type et de la qualité du projet.

Toutefois, notons que l'objectif initial des associations ne nécessitait pas de salariés car les membres se regroupaient pour s'entraider, pour parler de leurs problèmes et se soutenir mutuellement. Tous étaient des bénévoles.

Au fil du temps, les choses ont changé, à tel point que, comme le déclare la présidente d'AFSU: « *A un moment donné, on s'est rendu compte qu'un organe pour évoluer il faut des techniciens, il fallait par exemple monter des projets d'où la création des postes techniques : le coordinateur, son adjoint, le comptable, et le caissier. Donc selon les statuts, il y a quatre postes techniques à pouvoir* ». Toutefois le fonctionnement de postes de salariés dans les associations est instable. Il dépend du financement des bailleurs ou de projets en cours « *Mais compte tenu des moyens limités en ce moment, ces postes ne sont plus fonctionnels ; il n y a que des bénévoles en ce moment. Donc nous sommes partis de bénévoles à salariés et de salariés à bénévole* » avoue une autre responsable d'association.

Dans d'autres associations, l'on préfère parler d'indemnité car le salaire renvoie à une rémunération permanente: « *Nous ne pouvons pas parler de salariés dans notre association mais d'indemnité. Quand vous observez ceux qui ont enquêté dans l'étude sur l'état de la stigmatisation et de la discrimination, ils ont été indemnisés, ça c'est évident, puisqu'ils ont laissé des activités qu'ils pouvaient faire pour avoir de quoi vivre, pour se mettre dix jours durant à mener des enquêtes. Il était donc normal qu'un travail pareil soit récompensé. Et nous avons eu la chance que ce sont des lignes budgétaires qui sont acceptées dans les projets. De même nous avons pensé à une époque qu'il fallait mettre des gens dans les hôpitaux pour le bénévolat mais nous avions également pensé que pour que ce bénévolat se fasse il faut qu'ils aient un strict minimum ne serait-ce que pour prendre leur transport. C'est dans cette perspective que nous n'avons pas encore pu placer des gens dans les hôpitaux* ».

Toujours est-il que l'indemnité comme le salaire sont le produit de financements externes.

7. Difficultés et contraintes pesant sur les activités des associations

7.1. Ressources financières et humaines

Les associations de lutte contre le sida sont économiquement fragiles. Elles ont recours aux financements extérieurs pour travailler ou mener des activités. S'il est vrai que statutairement, elles s'autofinancent en partie (cotisations et AGR), ces contributions sont généralement très faibles : « *Vous n'êtes pas sans ignorer comme moi que dans la lutte contre le VIH, les financements sont devenus (prêtez-moi l'expression) rarissimes. Les financements sont presque comme dirait quelqu'un les larmes de chien, on ne les trouve plus et c'est ça la véritable difficulté des associations de personnes vivant avec le VIH. Les associations de PVVIH ne sont plus trop crues par les partenaires et les financements sont véritablement difficiles* ».

Et si la *crise financière* perdurait, plusieurs associations fermeraient tout simplement leur siège car, le loyer, l'eau, l'électricité et parfois la permanence sont entièrement supportés par les bailleurs de fonds. C'est le cas à AFSU, AFASO, COLIBRI.

Le produit des AGR qui aurait pu combler cette baisse des financements extérieurs a parfois été utilisé comme quote-part au financement pour certains projets ou activités. Certaines AGR ne fonctionnement plus. C'est le cas de l'atelier à AFSUPES.

Avec la professionnalisation des activités associatives aujourd'hui, plusieurs d'entre elles font face à un déficit qualitatif et quantitatif de ressources humaines. L'effectif des membres est instable : « *Nous constatons qu'en association, il y a des membres qui, une fois après avoir obtenu ce qu'ils venaient chercher se retirent. Il y en a d'autres qui lorsqu'ils durent en association sans pouvoir avoir ce qu'ils croyaient venir chercher, se retirent. Ça c'est autant de difficultés que nous, nous confrontons. De plus nous avons constaté que les PVVIH qui arrivent en association ne sont pas nécessairement ceux qui sont nantis sur le plan intellectuel. Ceux qui viennent en association sont parfois ceux qui ont eu le degré zéro à l'école ou alors le degré un ou deux ou alors qu'ils n'ont même pas été à l'école. Ce qui fait qu'il y a une difficulté accrue de ressource humaine. Il est difficile d'avoir de véritables ressources humaines parmi les PVVIH ce qui ne veut pas dire qu'il n'y en a pas mais le véritable constat c'est que les intellectuels se cachent, ils ne viennent pas trop en association. Mais, les associations sont forcées à faire avec ce qu'elles ont sur la main c'est pour ça que de temps en temps, qu'on soit allé à l'école ou pas, nous essayons de capaciter ceux de nos frères qui ont la volonté de mettre la main dans la pate pour apporter leur soutien à la lutte ou alors pour que l'association aille de l'avant. Seulement je voudrais vous dire que nous avons dépassé cette étape parce que nous comprenons que de plus en plus, il faut accepter que les personnes affectées puissent être membres de nos associations parce que parmi ces personnes nous pouvons trouver celles qui ont un degré intellectuel assez élevé et qui peuvent nous apporter du soutien dans l'organisation de ce que nous voulons* » (un Responsable d'association).

C'est pourquoi en vue de pallier à cette carence, le personnel externe est souvent recruté au vu de ses compétences pour servir dans l'élaboration et l'exécution des projets financés par les bailleurs. « *Nous avons déjà ce problème de personnel tant il est vrai que pour avoir du personnel, il faut avoir des financements. Or comme nous avons toujours des projets à des périodes bien déterminées, nous ne pouvons pas garder ce personnel pour de longues périodes. Nous sommes obligés de travailler avec eux périodiquement et recommencer tout le temps. Ce qui fait que nous avons de sérieuses difficultés*». On peut y voir une ouverture des associations vers les personnes non infectées par le VIH. En effet, la majorité des personnes interrogées (dans le Littoral) sont impliquées dans les associations du fait de leur séropositivité et du besoin d'aider les autres (7/8 pour AFSUPES, 4/7 pour SUNAIDS et 4/8 pour la SWAA), et les autres car c'est un emploi mais motivé par le besoin d'aider les autres3/8 à la SWAA, 3/7 à SUNAIDS et 1/8 à AFSUPES).

7.2. Leadership

Dans les associations où il y a eu alternance au pouvoir, la question de leadership représente une difficulté majeure. C'est le cas au CEAM, à DAUPHIN où à AFSU : « *Quand vous arrivez dans une structure et que vous rencontrez des anciens qui à chaque fois vous rappellent que vous ne connaissez rien de cette histoire, et que vous trouvez que vous avez à dire vous voyez ce genre de petites frustrations ou alors parfois vous manifestez cette envie de travailler, on peut vous occuper et après on se rend compte qu'on pouvait donner à un ancien, bref des petits problèmes de ce genre. De nos jours encore, ce type de problème continue d'exister au sein de notre association* » (Responsable d'association) ; « *Les idées ne concordent plus au sein de notre association. Quand l'ancienne présidente propose une idée fut elle constructive, l'actuelle n'accepte pas, du coup il y a des disputes et élévation de voix. Notre association est là aujourd'hui de nom* » (membre d'association).

7.3. Des catégories

D'après les responsables d'associations rencontrées, l'implication des membres dans une association est toujours suscitée par un intérêt personnel. Une présidente nous a d'ailleurs confiée que «*la première raison de l'implication des membres à AFSU c'est celle de se retrouver au milieu de ses frères* ». En effet, d'après cette présidente, toute personne vivant avec le VIH/Sida a besoin d'un soutien psychologique accru. Ainsi, l'on ne saurait se limiter aux quelques conseils reçus lors du retrait du résultat. Parfois aussi, certains n'en reçoivent même pas et éprouvent de réelles difficultés à gérer leur sérologie. Il arrive aussi qu'une PVVIH se sente psychologiquement abattue et manifeste le besoin de discuter avec des personnes semblables. Dans ce cas, les témoignages et les séances de conseils dans les associations amènent à s'accepter et à comprendre que l'on peut vivre avec le VIH/Sida ». « *D'autres motivations que nous pouvons percevoir quand les membres sont déjà dans la structure c'est qu'ils pensent que quand on vient en association, c'est pour prendre quelque chose. C'est pour gagner, ça peut être des formations, ça peut être des postes comme ceux d'ARC, et certains bénévolats. Du moins, tous ces avantages les motivent à rester* », conclut cette responsable d'association.

Aussi, on distingue dans les associations plusieurs catégories de membres tel qu'on peut le noter dans ce propos : « *Nous continuons à enregistrer des nouveaux membres et à accueillir de nouveaux bénéficiaires qui sont en majorité des personnes touchées assez démunies, des orphelins ou enfants vulnérables et les clients des centres hospitaliers où nos membres font le counselling ou les VAD* ».

Ces membres peuvent être regroupés en trois catégories : les membres bénéficiaires, les membres actifs et les permanents.

Les membres bénéficiaires sont des personnes enregistrées en association mais qui viennent juste bénéficier des différents appuis de bailleurs ou partenaires de l'association. « *Beaucoup* *adhèrent aux associations parce qu'ils savent qu'en étant à l'intérieur, ils ont plus la facilité de bénéficier des appuis* » soutient une responsable d'association.

Les membres actifs sont des personnes qui prennent régulièrement part aux rencontres et aux activités de l'association. Ce sont en majorité des membres du Bureau, des responsables d'activités, de CPS, d'ARC, de VRC…

Les permanents ou **personnel** qui sont des personnes salariées ou bénévoles qui travaillent pour le compte de l'association. Il s'agit en général des membres de la coordination : coordonnatrice, comptable et permanente au siège. En dehors de la SWAA qui apporte une couverture sociale à son personnel, il s'agit beaucoup plus d'indemnités que de salaire selon les dirigeants des autres associations.

Au total, les membres d'associations sont exclusivement (AFASO, CEAM) ou majoritairement des femmes (AFSU, AFSUPES, COLIBRI, ACASEPO, SUNAIDS). Leur adhésion au sein des associations de PVVIH reste avant tout motivée par leur vulnérabilité matérielle qu'elles espèrent atténuer par les quelques subsides que pourraient leur apporter une participation à des activités de conseil, d'information préventive ou d'aide à domicile à d'autres PVVIH. C'est ce que soutient cette ancienne présidente d'association lorsqu'elle affirme : « *Avant, lorsque les gens venaient, c'était beaucoup plus pour le soutien psychosocial. Aujourd'hui beaucoup viennent en association afin de bénéficier de nombreux soutiens* ».

7.4. Intérêt pour la question du VIH/Sida et implication dans les associations

Les membres d'associations (AFSU, CEAM) avouent que c'est suite au dépistage de leur séropositivité qu'un intérêt particulier pour le VIH est né. Le besoin de comprendre ce qui leur était arrivé mais surtout de survivre de la maladie les a conduites à s'informer sur le VIH/Sida et à militer. Elles estiment qu'elles sont concernées au premier plan du fait qu'elles sont infectées par le VIH. L'envie de combattre a été suscité pour certaines par leur implication en milieu associatif. « *Plusieurs parmi nous ne discutent pas ou ne parlent pratiquement pas de leur statut et encore moins des problèmes liés à leur situation, à leur famille (proches, enfants...) Elles gardent leur statut sérologique. L'association représente pour elle une sorte de seconde famille. Un milieu où elles peuvent aisément exprimer leurs difficultés sur les plans médical, sexuel, conjugal, social...* » (membre d'association).

Pour les associatifs affectés, l'intérêt pour le VIH est d'acquérir les informations les plus actuelles sur le VIH. Ils avouent de façon unanime que la motivation de fond c'est de venir en aide aux personnes qui ont besoin d'une écoute et de soutien pour lutter contre la stigmatisation. L'envie de partager l'expérience de la maladie et d'aider les PVVIH à surmonter les difficultés liées à la découverte d'une sérologie positive sous-tend l'implication de ces membres d'association dans la lutte contre le sida.

Au total, les membres d'associations de lutte contre le VIH/Sida se sont intéressés à la question du sida pour quatre raisons principales : besoin d'aider les autres ; recherche d'une âme sœur ; besoin d'être soutenu après la découverte de sa séropositivité et besoin d'aider les autres ; recherche d'un emploi (suite à des appels à candidature).

7.5. Appréciation de l'adhésion par l'entourage

Des membres d'associations avouent avoir informé leur entourage familial sur leurs responsabilités associatives. L'implication dans une association, au-delà de son but premier de soutien moral, modifie aussi les comportements sociaux des membres et de leur entourage. Les regards de l'entourage changent car le militantisme associatif est porteur d'un travail et la resocialisation opérée par l'association permet aux membres de glisser d'un statut de dépendant à celui de pourvoyeur de ressources pour la famille.

Lorsqu'ils sont informés, leurs parents sont fiers d'eux et les encouragent dans ce sens : « *ils étaient très fiers et contents parce que le commerce que je faisais là ce n'était pas trop ça, c'était pour m'occuper et puis pour ne pas quémander... A partir du moment où la coordonnatrice m'a dit que ce ne sera pas gratuit comme d'habitude, et qu'elle m'attribuait un salaire de 50 000FCFA. C'est alors que j'ai dit à mes enfants qu'on m'avait déjà trouvé un poste là-bas. Ils étaient tous contents que j'aie quelque chose de fixe, de régulier aussi dans le revenu* » ; « *Ma grande sœur s'est opposée à mon adhésion à l'association car, disait-elle, on devait m'injecter et je mourrai vite. Quelques années plus tard, ma sœur est fière de moi et m'encourage car je suis presque indépendante aujourd'hui or, avant je dépendais financièrement d'elle* ».

Un membre de la SWAA évoque le respect qu'il inspire désormais suite à la reconstruction de sa vie après une phase de maladie : « *le sida est comme une deuxième porte pour moi...mon entourage est ému, peut-être ils parlaient mal de moi mais maintenant, j'ai du respect. Ils savent que je travaille dans un centre de prise en charge des PVVIH* ». Informé sur ses responsabilités associatives le mari (séronégatif) d'une membre d'association a positivement apprécié les activités que cette dernière menait en association. Seulement, il s'est opposé à tout témoignage de sa part parce « *qu'aucun membre de leurs familles ne doit le savoir* ».

D'autres informateurs nous ont fait savoir qu'ils n'avaient rien dit à leur entourage. C'est le cas de cet informateur qui nous a déclaré « *dans ma propre maison personne n'est informé, personne ne sait. Quand je viens ici* (parlant du siège de son association), *je fais ce que j'ai à faire et je rentre. En plus, nous avons une certaine confidentialité dans ce domaine. On ne m'a pas dit en association de parler de mon statut aux gens*» ; « *Je vais m'exposer si je le dis car l'association c'est pour les PVVIH et vous connaissez la réaction des personnes non infectées* ».

D'autres encore avouent avoir informé quelques membres de leur entourage, mais cela les a laissé indifférents. « *Ils ne sont pas intéressés et ne veulent rien savoir. Ça ne les intéresse pas. Le sida est une maladie qui leur fait peur. Les gens n'imaginent pas que les séropositifs puissent se réunir pour discuter du Sida* », nous a avoué un informateur rejeté par sa famille depuis la découverte de sa sérologie.

8. Intervenants associatifs en milieu hospitalier

8.1. Leur choix : implication individuelle ou associative

Les membres d'associations de lutte contre le sida interviennent dans plusieurs structures de prise en charge. Ils sont recrutés à titre individuel ou à titre associatif. En effet, la grande majorité de CPS (conseillers psycho-sociaux) d'associations ont été recrutés dans le cadre du projet ESTHER via les plates-formes auxquelles font partie leurs associations. Il s'agissait d'un recrutement individuel qui nécessitait l'approbation de l'association. Certains CPS d'AFASO, SUNAIDS, AFSUPES par contre interviennent dans les structures hospitalières à titre associatif. C'est l'association qui envoie ses membres à l'hôpital exercer comme CPS grâce aux financements de bailleurs. Interrogée sur son implication dans les structures de prise en charge, une CPS d'AFASO nous a confié que « *ce n'est pas une affaire d'aujourd'hui. Lorsque j'ai commencé à travailler dans les hôpitaux, j'étais encore bien jeune. Malgré mon petit niveau, j'étais très vaillante et c'est la présidente qui décidait* ». Elle a donc été cooptée et cette cooptation est généralement fonction de l'ancienneté du membre et de son dynamisme.

Les ARC de ces associations ont été recrutés à titre individuel dans le cadre d'un appel à candidature lancé par le CNLS à travers le GTR. Toutefois, leur recrutement n'est pas toujours fait sur la base de compétences mais d'affinités avec les responsables du GTR comme l'indique un membre d'AFSU « *au cours des réunions, certains membres se plaignent qu'il existe des ARC dans les UPEC qui ne sont pas PVVIH et qui n'ont subi aucune formation* ». C'est le cas à l'HMY et à la FCB.

Pour les VRC de la Fondation Chantal Biya, elles ont été retenues dans le cadre du partenariat PATA-CEAM. Cela s'est passé à travers un test écrit à l'issu duquel le responsable du CTA a sélectionné les meilleurs d'entre elles.

Toutes nos observations convergent pour constater que la professionnalisation de la gestion des associations valorise de plus en plus le cursus scolaire et académique et à l'expérience professionnelle comme ticket d'accès à la gestion des ressources. Le niveau d'instruction (celui requis pour devenir Conseillère au sein d'une association de PVVIH membre du collectif ESTHER est le Brevet d'Etudes du Premier Cycle « BEPC »), les capacités et l'expérience professionnelle antérieure tendent à devenir une exigence cardinale pour s'impliquer dans le versant professionnalisé des activités des associations.

8.2. Formation, professionnalisation et plan de carrière

En cas d'interruption du financement des indemnités de transport par un bailleur, les CPS continuent à travailler bénévolement en espérant, qu'un jour, un projet arrivera. C'est le cas des CPS du CHU qui ont travaillé de janvier à septembre 2007 sans indemnité de transport, et des CPS de SUNAIDS qui travaillent depuis un an elles aussi sans indemnité de transport.

Les CPS estiment qu'elles doivent être intégrées à la fonction publique car elles participent au processus de prise en charge des PVVIH dans les structures de santé autant que les professionnels de santé affectés dans lesdits services. Elles ont déjà des compétences et une reconnaissance officielle. Certaines voudraient bien faire carrière dans la profession de CPS : « *Je suis très contente de faire dans le VIH/Sida. J'ai pris goût à faire ce travail. Si ça n'existe plus alors, je pourrai rechercher un autre travail* ». D'autres émettent le vœu de suivre des formations de spécialisations : « *Si je trouvais mieux ailleurs, je partirai. Aussi si ça pouvait être dans le cadre du cancer. Plusieurs personnes souffrent aussi du cancer.* »

8.3. Satisfaction et utilité des CPS au sein des formations sanitaires

Les membres qui travaillent dans les hôpitaux dans le cadre des projets (ESTHER) ont un rôle d'accompagnement psychologique et social des PVVIH. C'est un travail rémunéré et certains sont affiliés à la CNPS (à Bafoussam par exemple c'est récemment en Décembre 2013 que les CPS ont pris l'initiative personnelle de le faire). Leur rôle d'après les responsables d'associations est aujourd'hui incontournable dans la prise en charge des PVVIH. Ce sont de réels *professionnels* qui ont reçu des formations adéquates. Leur travail pour être amélioré doit être transformé en corps de métier et être étendu à d'autres pathologies. Et du fait de leur formation, on ne parle plus d'elles en tant que patientes mais comme CPS, ARC, VRC et donc ceux à qui elles rendent service deviennent patients. Voici ce que dit la présidente d'une association : « *Les membres qui sont dans les structures de prise en charge sont vraiment en contact avec les patients. Si je prends par exemple le cas de l'hôpital central, les ARC connaissent les domiciles des patients à environ 80% parce que chacune d'elle à un secteur bien défini. Les patients les appellent à tout moment parce que leur numéro doit être obligatoirement connu de tous les soignants qui sont là-bas. Donc les patients ont la latitude de les appeler à tout moment. C'est déjà un plus. La descente dans les domiciles permet de ramener les perdus de vue régulièrement. C'est ça qui a permis à l'hôpital central d'être un grand centre : depuis lors le Dr Kouanfack (responsable de l'hôpital du jour HCY) ne voudrait pas que nos ARC partent de là. Il est satisfait du travail qu'elles font. Les conseillères sont tout le temps en train de faire soigneusement leur travail* »

Dans certaines associations comme COLIBRI, les CPS, VRC exerçant dans les structures hospitalières constituent la majorité des membres réguliers aux réunions.

8.4. Relations avec les personnels des hôpitaux

Les CPS, ARC et VRC remarquent qu'elles ont de très bonnes relations avec l'ensemble du personnel. Au début, cela fut difficile, mais elles estiment que les choses tendent à s'améliorer, le travail se fait dans un climat de collaboration sereine. Mais subsistent des problèmes : incompréhensions, stigmatisation dont elles s'estiment victimes dans les services repérable notamment dans le fait qu'elles ne bénéficient pas des privilèges et avantages liés à leur profession :

« Avec le personnel de santé nous entretenons des relations quotidiennement stigmatisées. Parfois lors des visites de la première dame, des cadeaux sont distribués au personnel de la

Fondation, les membres du CEAM viennent toujours après les autres personnels même ceux qui exercent dans le même service avec nous. Nous ne sommes pas prises en compte dans la distribution des primes au personnel de l'hôpital. Depuis des années nous travaillons avec eux sans salaire mais lorsqu'il faut recruter un personnel salarié, on fait appel aux proches ou aux connaissances. On a récemment recruté une femme qui prend les paramètres et qui ne connait rien du VIH or c'est le CEAM que l'on affiche lorsqu'il s'agit de la lutte contre le VIH à la FCB. Mes collègues se sont même fâchées et n'ont plus voulu venir mais cela aurait été mal pris car la journée du vendredi où nous ne sommes pas présentes, on crie partout que nous sommes absentes à nos postes.

« On assistait aux réunions quotidiennes de travail, on refuse que notre service intervienne sous prétexte que nous n'avons pas suivi une formation. Les jeunes par exemple ont un taux de CD4 qui décroit et nous avons besoin d'un psychologue. Nos adolescents régressent dans leur prise en charge. Ils nous ont dit que nous ne sommes pas médecins. Quand c'est trop grave, nous faisons appel au psychologue des drépanocytaires. Nous avons tellement écrit au Directeur, sans suite. Actuellement, nous avons aussi saisi TOTAL. Ils ne nous considèrent pas mais ils veulent que nous travaillions. Lors de la distribution des pagnes de la journée internationale de la femme, lorsque nous nous y rendons, on nous dit que nous n'avons pas été comptés. Mais quand il faut défiler et remplir les rangs, on nous compte ;

« En dehors du fait qu'il nous pointe du doigt, le personnel de l'hôpital nous rencontre si et seulement si il faut nous présenter à leur membre de famille afin qu'ils acceptent leur statut ou lorsque ces derniers ne prennent plus leurs ARV et qu'il faut les remonter ou discuter avec eux. J'ai dit que si ça continue ainsi, j'écrirai au Ministre de la Santé Publique. Nous avons même organisé une grève qui n'a pas été prise en compte par l'administration de l'hôpital. Les professionnels de la santé ont même peur de toucher les enfants séropositifs ; les infirmières qu'on envoie dans notre service fuient. Celle qui est actuellement là fuit les enfants infectés. Elle préfère distribuer les carnets.

« Nous avons demandé au Directeur de recruter les membres du CEAM et depuis il ne fait rien. Nous avons même demandé un deuxième bureau pour décongestionner la file d'attente des résultats sans réponse. Ce bâtiment nous a été octroyé par TOTAL chez qui nous nous étions plaintes que nous n'avions pas de bureau pour le counselling, pas de confidentialité, les gens entraient et sortaient dans l'espace public qui nous avait été octroyé par l'hôpital.

« Le recensement de 2006 a été refusé aux membres du CEAM on nous a renvoyées en arguant que nous étions des paramédicaux. En 2011 encore, on nous a dit que les fiches de recensement venues du Ministère ne concernaient que les professionnels et non l'ensemble du personnel ».

9. Leaders associatifs

Arrêtons-nous maintenant sur les itinéraires des différents leaders associatifs interrogés.

9.1. Diversité de parcours

Les leaders d'association ont été dans leur majorité membres d'associations en général, et d'associations de lutte contre le VIH, en particulier. Cependant, c'est suite à leur dépistage et à leur expérience associative qu'ils décident de mettre sur pied une association ou de postuler à la présidence d'une association. Comme la grande majorité des membres d'associations, les présidents d'associations sont des personnes infectées. Les présidents-fondateurs (COLIBRI, ACASEPO, AFASO) ont d'abord été membres d'une association locale ou étrangère. Quelques présidents ont été influencés suite à leur participation à une conférence internationale (AFSU, AFASO).

Toutefois, ils ont créé les associations pour les raisons suivantes :

- Aider les autres séronégatifs : ACASEPO ;
- Défendre les intérêts des PVVIH au moment où les personnes non infectées bénéficiaient des financements destinés aux PVVIH et associations de LCS : COLIBRI ;

- Améliorer la qualité de vie des femmes vivant avec le VIH et de réduire leur sentiment de peur et d'isolement : AFASO.

Le charisme de certains présidents est tellement fort qu'il s'avère difficile voire impossible de les « détrôner ». Pour certains membres de ces associations, les élections à ce poste sont devenues de simples formalités car celui qui affronte le président est un pion : il s'agit des associations où le responsable est président-fondateur (AFASO, ACASEPO, COLIBRI). Toutefois, à ACASEPO et à AFASO, les présidents sont grandement appréciés pour leur proximité avec les membres, leur participation aux rencontres hebdomadaires et le partage des informations. Les statuts d'AFASO (2008) que nous avons consultés parlent d'un mandat de deux ans renouvelable une seule fois or la présidente est à la tête de cette association depuis sa création. A ACASEPO, pas contre, les textes n'ont pas prévu de limitation de mandat. La SWAA pour sa part ne semble pas être dans la logique des élections. Depuis sa création, en 1991 elle a connu une seule présidente. C'est aussi le cas avec SUNAIDS depuis sa création. Quant à AFSUPES, les élections sont organisées mais les statuts que nous avons exploités ne précisent pas de limitation de mandats. Dans les associations ayant connu une alternance, les présidents ou coordonnateurs ont précédemment occupé des postes au sein du Bureau Exécutif.

9.2. Relations avec les autres présidents et associations

Les relations entre présidents d'associations de lutte contre le Sida sont fortuites et circonstancielles. En dehors des plates-formes initiées par le GIP ESTHER, ou des réseaux tels que le RECAP+, les présidents se rencontrent dans le cadre du plaidoyer, de rencontres organisées par les institutions locales ou des partenaires communs. Pour justifier la relation qui existe entre elle et certains présidents d'associations, la présidente d'AFASO déclare : « *Ça dépend des associations. Nous avons des leaders d'associations avec qui nous avons de bonnes relations. Je peux prendre l'exemple du président d'AFSUPES (Douala) avec qui nous échangeons régulièrement car nous avons un même partenaire qui est l'association AIDES. Il y a également l'association COLIBRI avec Jean Jules Kamga qui est leader de cette association avec qui nous entretenons de bonnes relations. Nous avons aussi le même partenaire qui est AIDES. Au total, AIDES est partenaire de trois associations camerounaises : AFASO, AFSUPES et COLIBRI* ».

En d'autres termes, il n'existe pas de plate-forme de concertation entre les présidents d'associations initiée par ces présidents.

Par ailleurs, leurs relations sont émaillées de méfiance (« *Certains leaders d'associations font semblant de partager les mêmes idées avec nous mais lorsque tu vas un peu loin tu te rends compte que ce n'est pas ce qui ressort de leur for intérieur, c'est de l'hypocrisie* ») et de conflit de leadership : « *Je peux vous avouer que mes relations avec les autres leaders ne sont pas aussi mal que ça. Mais comme partout on trouve des brebis galeuses, il existe surtout dans notre région une sorte de lutte de leadership. S'il est vrai que les autres ne veulent pas le dire tout haut, je profite de cette opportunité que vous me donnez pour dire tout haut ce que les gens disent tout bas. Il y a cette lutte de leadership qui voudrait que ceux qui sont installés depuis ne veulent pas voir ceux qui arrivent nouvellement malgré le fait qu'ils ne peuvent pas nier que les seconds ont des idées novatrices* » (Président d'association).

En dehors de cette relation conflictuelle, quelques présidents échangent des informations au sujet de leur travail ou se mettent ensemble pour une action concertée.

« *Il y a aussi le président de l'association New Way+ à Douala Jacky avec qui j'échange régulièrement sans contraintes. En général, ils souhaitent avoir des informations sur des projets, des activités lancées... par exemple pour Jacky, quand on devait élaborer et envoyer la proposition du round 10, parce que la proposition devait aller avec une proposition des bénéficiaires principaux et des sous-bénéficiaires (association). Il fallait donc que les associations puissent postuler. La présidente de New Way+ m'avait donc contacté avant pour que je l'informe quand il fallait déposer les dossiers pour postuler comme sous-bénéficiaire* » ;

« *Avec AFSUPES, nous avons travaillé ensemble dans le programme sur les OEV et quand il y avait des blocages, on échangeait sur le déroulement de ce projet et le contenu des rencontres avec les délégués régionaux. Il y a aussi la présidente d'Espoir+ à Douala qui de temps en temps m'appelle pour poser des questions par rapport aux activités que les associations mènent ensemble. Il n y a pas longtemps elle m'a appelé pour me demander des informations sur la reprise des financements des appuis scolaires aux OEV par le MSP parce qu'on nous avait dit que ça devait reprendre en septembre. Je lui ai répondu que jusqu'à cette période-là nous n'avions aucune information* » nous confie la présidente d'AFASO.

9.3. Implications dans les structures administratives

Par le biais de l'association certains responsables d'associations ont occupé des postes de responsabilités au sein de certaines instances locales telles que le CCM ou le RECAP+. L'image et les actions de l'association ont ainsi permis à certains leaders de se hisser sur la scène nationale ou internationale. A partir d'un projet de distribution d'ordinateurs financé par l'ambassade d'Allemagne au Cameroun, en 2008, le président d'ACASEPO connait une renommée nationale et ensuite internationale : « *C'est alors qu'en 2009, lors de l'assemblée générale du RECAP + j'ai eu une véritable première confiance parce que j'ai été admis au Conseil d'Administration du RECAP+, ce qui permettait à l'homme de se fait plus voir et de mieux exposer ce qu'il avait dans son for intérieur en matière de lutte contre le VIH/Sida. C'est ainsi qu'en 2009, à partir d'un appel à candidature, j'ai été recruté au CCM, l'instance nationale de coordination du Fonds mondial de lutte contre le paludisme, le Sida et la tuberculose. Aujourd'hui, la lutte continue parce qu'au-delà même du pays, tour à tour en l'espace de trois ans, j'ai fait pratiquement 8 à 10 colloques internationaux et dans des colloques j'ai pu défendre honorablement les couleurs du Cameroun* ».

10. Relations avec les institutions, réseaux internationaux ou bailleurs

Dans la quête de leur autonomie et de la recherche des financements, les associations de lutte contre le VIH/Sida initient chacune ses activités. Dans leur rapport quotidien, il n'existe pas de protocole formel entre elles bien que certaines responsables fassent parties d'autres associations (AFSU-AFASO) ou alors bénéficient des soutiens des autres (nutritionnel, médical, soutien pour les OEV). Toutefois, elles peuvent se regrouper dans le cadre du plaidoyer ou d'un réseau sur la demande d'un bailleur de fonds. Les associations étudiées dans le cadre de ce projet font partie du Réseau des associations des personnes de PVVIH au Cameroun (RECAP+).

En effet, les ONG internationales en vue de la professionnalisation des associations promeuvent un regroupement des associations. C'est le cas actuellement avec AIDES (AFASO, AFSUPES, COLIBRI) ou le GIP ESTHER. Sur injonction de ce dernier, les associations se sont regroupées autour de plates-formes à l'Ouest à travers COLIBRI ; dans le Littoral via la collectif associatif du Littoral (CAL) au sein d'AFSUPES ; et dans le Centre sous la dénomination de « Collectif des associations de lutte contre le sida du Centre ». A l'Ouest cette plate-forme est considérée comme une instance fédératrice des antennes du COLIBRI, laquelle en profite pour générer et sauvegarder ses intérêts : « *Je peux vous avouer que la plate-forme Ouest n'a jamais voulu comprendre que mon association puisse exister en face d'elle. La preuve c'est que nous avons écrit des lettres pour faire partie de cette plate-forme et que cette plate-forme a carrément refusé de nous accueillir. Je me souviens encore qu'en 2008 un groupe d'associations avait constaté qu'il avait été exclu de cette plate-forme. Je pense à ASEMIR de Bayangam dont le président était un jeune garçon licencié en Maths Infos, de l'Université de Dschang dont le président était Chargé de Cours dans cette université, ou Espoir de vie de Foumban où le président était bachelier et très intelligent, ou ACASEPO de Bafoussam et j'en oublie encore. Nous étions pratiquement cinq présidents d'associations qui avaient été boutés complètement c'est-à-dire que la plate-forme Ouest ne voulait pas de nous. Nous avions tôt compris que c'est parce que nous étions un peu intelligents et que nous pouvions amener les autres à ouvrir les yeux. La plate-forme en fait c'est quoi, c'est un groupe où il y a pour ne pas citer les gens un « Kadhafi » à la tête et qui gère les choses comme il entend protéger ses intérêts. Et dire que quelques intellectuels ou quelques personnes très éveillées viendraient entrer dans cette plate-forme, voudrait dire que certaines personnes viendraient dire aux gens des vérités qu'ils n'ont jamais pu voir ou alors qu'ils voient et restent aveugles face à ces vérités. Donc c'est pour ça donc que la plate-forme Ouest a tôt fait de refuser aux associations dont les leaders sont un peu charismatiques de faire partie de cette plate-forme »* (Responsable d'association).

Dans la région du Centre au sein du CALCE, se repère un réel problème de leadership et de partage des intérêts générés par ce regroupement dans un contexte d'accès aux ressources concurrentiel.

Bien que l'initiative des ONG permette de mettre sur pied des plates-formes associatives de lutte contre le sida, cela pose toutefois la question de la visibilité des associations. Les relations institutionnelles entre les autres associations sont visibles lorsqu'il est question de travailler ensemble dans un projet (projet de vente des préservatifs féminins avec l'ACMS), de faire des revendications ou de faire bénéficier aux membres d'autres associations les soutiens médicaux, nutritionnels ou d'AGR. De même, l'activité en milieu hospitalier permet aux membres d'associations d'échanger sur leurs expériences quotidiennes et de surmonter leurs difficultés.

Au total, malgré leurs différences, les associations locales de lutte contre le Sida développent parfois un partenariat et une collaboration sur certains sujets/enjeux :

- le plaidoyer sur la politique publique de lutte contre le Sida au Cameroun ;
- la mobilisation commune sur des questions d'éthique;
- la distribution d'appuis nutritionnels ou médicaux (« *Les rencontres de la PFO sont le lieu de rencontre avec les autres associations avec lesquelles COLIBRI entretient de bonnes relations. Aussi, lorsque COLIBRI reçoit des soutiens*

médicaux, nutritionnels et d'autres subventions elle fait appel aux autres associations », membre du COLIBRI).

Tel que présenté plus haut le regroupement des associations en réseaux présente plusieurs avantages mais pourrait amenuiser la visibilité des associations prises individuellement étant donné qu'elles répondent chacune (en dehors des programmes communs à toutes) à des besoins spécifiques des populations. L'autre inquiétude soulevée par certains associatifs est l'utilisation de la plate-forme à des fins personnelles ou comme outil de visibilité pour une association en particulier.

11. Relations associations/structures de santé : la mise en place de cette relation

L'insertion en milieu hospitalier des associations de LCS du Cameroun commence à l'hôpital central de Yaoundé et l'hôpital Laquintinie de Douala, les deux premiers centres de prise en charge des PVVIH au Cameroun. Parallèlement, notons que ce sont les structures de prise en charge en général qui ont impulsé le regroupement associatif.

L'histoire de l'implication des membres d'associations dans les structures de prise en charge commence avec le tout premier président d'AFSU, Andrew, comme nous l'explique Fred Eboko (in « ONG et associations de lutte contre le sida au Cameroun. De la subordination vers l'émancipation à l'heure de l'accès au traitement antirétroviral ») : dépisté en 1987 à la suite d'un don de sang, Andrew est parmi les premiers séropositifs déclarés à Yaoundé. A 20 ans, il abandonne sa scolarité en classe de terminale et décide d'en savoir plus sur sa maladie. Les médecins investis dans la prise en charge du VIH le sollicitent d'abord pour de multiples examens biologiques. Très vite sa disponibilité, sa bonne volonté et surtout son « *bon* » état de santé (Andrew était asymptomatique) incitent les médecins à lui proposer de rencontrer les PVVIH nouvellement diagnostiquées. L'expérience de conseiller psychosocial d'Andrew commence à titre bénévole, sur le tas. Il assure de manière informelle un conseil post-test, en aidant quelques personnes à mieux accepter l'annonce de leur séropositivité. Ces entrevues, soutient Fred Eboko, nourrissent petit à petit, chez Andrew et certains de ses compagnons d'infortune, la volonté d'organiser l'assistance aux PVVIH. En 1995, l'AFSU se voit offerte l'opportunité de contribuer à un projet de recherche multicentrique, soutenu par l'IRD, dans trois pays africains (Guinée Bissau, Sénégal et Cameroun). A Yaoundé, ce projet est baptisé Prévention du Sida au Cameroun. Du fait de l'expérience dans ce domaine, l'AFSU se voit confié le conseil encadrant le dépistage à l'hôpital Militaire de Yaoundé. Ce qui constitue une voie d'accès à AFSU dans cet hôpital où ses membres continuent d'exercer comme VRC, ARC ou CPS.

En 1988 l'AFSU est créée, Pauline Mouton (fondatrice de l'AFASO) l'intègre en 1992. Elle fait partie des membres d'AFSU qui font le counselling à l'hôpital central de Yaoundé. Elle nous a confié ceci : « *j'ai commencé à travailler dans les structures de prise en charge lorsque j'étais membre d'AFSU. Parce qu'AFSU est une association qui a été mise en place avec le concours des médecins tels que le Pr Moni Lobé, le Pr Lazare Kaptué, Dr Zekeng. Ce sont ces derniers qui ont élaboré les statuts et règlement intérieur d'AFSU.* »

En 1999, elle créée l'AFASO et continue ses activités auprès de la même structure dans laquelle elle exerçait, l'hôpital central de Yaoundé. Seulement, elle décida de formaliser le travail de ses membres à l'hôpital. Elle avoue que « *c'est moi qui ai pris la décision de dire qu'il ne faudrait pas que nous (les membres d'AFASO) fassions le counselling dans les hôpitaux sans l'accord ou l'autorisation du responsable de la formation hospitalière car, si un accident survient, nous ne serons pas alors couverts. Je travaillais déjà à l'HCY dans le cadre d'AFSU et quand j'ai donc créé AFASO, j'ai donc fait la même chose pour être protégée. C'est moi qui ai pris la résolution d'écrire au Directeur pour que nous puissions mieux nous impliquer et être reconnus officiellement pour qu'on ne nous pose pas des questions du genre : qui êtes-vous au sein de l'hôpital?* ».

En 2002, le CEAM voit le jour au sein de la FCB sous l'impulsion du Dr Téné, responsable de la prise en charge des PVVIH au sein de cette structure. Après les avoir réunis autour d'une association de femmes vivant avec le VIH/Sida de la FCB, ce médecin leur assigne le rôle de conseillères pour la

PTME. « *Après une formation d'une semaine, le Dr Téné nous impose comme conseillère à la prénatale. Nous recevions deux jours par semaine. On accueillait les femmes enceintes et le service était rotatif* » nous confie la toute première présidente de cette association dont Pauline Mouton (Présidente de l'AFASO) a contribué à l'encadrement technique et administratif.

A l'Ouest, grâce au soutien financier de la composante PASS de l'Union Européenne, l'appui technique de la Délégation régionale de la santé publique de l'Ouest et l'appui organisationnel de l'ONG ASDEG de Bafoussam, le COLIBRI a créé à partir de 2002, 17 structures de counselling dans les formations sanitaires de la région. Sur le terrain, une équipe comprenant le personnel médical formé et les membres du COLIBRI conduit les activités. Notons toutefois que dès 2001, le président du COLIBRI exerce comme bénévole au CPDV de Bafoussam.

En 2006, sous l'impulsion du GIP ESTHER, la plate-forme des associations de lutte contre le Sida de l'Ouest (PFO) est créée. COLIBRI, l'association fédérale, obtient des conventions avec les structures de prises en charge et décide de l'affectation des CPS dans les SPEC. C'est ainsi que sous couvert de cette plate-forme, un grand nombre d'associations membres de la PFO interviennent dans l'accompagnement thérapeutique (DAUPHIN de Foumban, INSODEPESE, BOURGEON de Bafang, COLOMBE de Bangangté, MEKOUANG de Dschang...).

Par ailleurs, on constate que, très souvent, la répartition des CPS est contestée par les responsables de certaines associations. Les raisons avancées portent sur le fait que la distribution du nombre de CPS n'est pas équitable. C'est cette raison qui a amené AFASO de Yaoundé de démissionner du CALCE : « *Pour ce qui est par exemple du collectif des associations du Centre, actuellement AFASO ne fait même plus partie de ce collectif. Nous avons démissionné parce que l'esprit qui est dans ce collectif ce n'est pas l'esprit collectif dont on parle. Il y a par exemple l'association KIDS Aids qui détient environ 90% de tout ce qui concerne ce projet. Que ce soit les conseillères, les subventions ou les postes. Nous n'avons pas voulu discuter et avons préféré les laisser continuer à travailler avec les autres en nous retirant tout simplement. Et cet appui du GIP ESTHER a d'ailleurs bloqué nos partenaires telle que l'association Entraide Solidarité qui est en France. Parce que cette association recevait le financement du GIP ESTHER et quand le GIP ESTHER leur a dit qu'il devait financer les associations par région en réseau au niveau du Cameroun, ils ont coupé le financement là-bas c'est alors que nous ne recevons plus de financement de notre partenaire parce qu'il n'en reçoit plus du GIP ESTHER et même ici ce qu'on attendait ce n'est pas ça, on ne voit pas la présence d'ESTHER au Cameroun en général et à Yaoundé en particulier.* »

Le projet CPS d'ESTHER était à une phase pilote et cette phase s'étendait sur trois régions, le Centre, l'Ouest et le Littoral. Il est question d'attendre la phase de vulgarisation. Mais si on s'en tient aux limites et critiques actuelles, ils espèrent que le gouvernement prenne le relais pour la professionnalisation des CPS dans l'ensemble du pays. Le principal reproche fait par les structures aussi bien à Yaoundé qu'à Douala, est qu'ESTHER leur impose des CPS alors qu'ils ont à disposition des CPS de diverses associations en place. Les responsables de CTA sont donc confrontés à des questions de gestion des associatifs salariés et bénévoles. Au regard de ce qui précède, l'on peut dire que le rôle de conseil qui s'est vu progressivement reconnu auprès des PVVIH et des associations de lutte contre le VIH/Sida a favorisé l'intégration, l'admission ou alors la reconnaissance des associations de lutte contre le VIH/Sida dans les structures de prise en charge à Yaoundé.

Au départ, entre ces structures et certaines associations de Yaoundé, il n'existait pas toujours de protocole d'accord. Aujourd'hui cette relation s'est formalisée par des accords de collaboration ou de partenariat. Une responsable d'association avoue qu'aujourd'hui, les relations sont plus détendues, leur rôle est reconnu dans les faits. Cela se manifeste par les références des patients par les médecins en leur direction pour des conseils ou un accompagnement psychologique : « *les femmes qui viennent à l'association sont orientées soit par les conseillères exerçant dans les centres hospitaliers, soit par les médecins des CTA, soit par les membres ou autres personnes informées des activités de l'association* ».

12. Relations associations/institutions locales, régionales et nationales

Les associations étudiées existent depuis une dizaine d'années. Cette ancienneté leur confère une grande expérience dans la lutte contre le VIH/Sida au Cameroun. Leurs rapports institutionnels sont plus forts et formels aujourd'hui avec les institutions locales de lutte contre le Sida. Le changement induit, à partir de l'année 2000, par les mobilisations de la société civile mondiale (les ONG internationales originaires des pays du nord telles que Médecins Sans frontières) pour l'accès au traitement a eu des implications immédiates sur la prise en compte par les pouvoirs publics du rôle des associations dans la participation communautaire unanimement prônée par les initiatives internationales (Atun et al., 2009).

12.1. Relations avec le CNLS

Dans le but de coordonner ses actions à l'échelle de chaque région (antérieurement dénommée « province »), le CNLS s'est doté d'administrations déconcentrées appelées les GTR (Groupes Techniques Régionaux). Le rôle de l'appui de l'Etat à la société civile s'est résumé en appui technique (formations, stages pour le personnel associatif au siège du GTR/Centre) et en un appui financier (de l'ordre d'un million Fcfa et plus par an). Ce soutien permettait de fournir un début d'assise stable aux associations puisqu'il prévoyait, entre autres rubriques, les dépenses de fonctionnement, le soutien aux OEV, les VAD... Il permettait indéniablement aux autorités d'exercer un certain contrôle sur les activités des associations et la mobilisation de la société civile car, affirme une responsable d'association, « *on constate un recul de la présence du CNLS dans le suivi des activités associatives depuis 2007. Cela se justifie par le fait qu'il n'y a plus de financement venant du CNLS, par conséquent plus de contrôle de gestion à faire dans nos activités* ».

Malgré cette absence de contrôle de la part du GTR, les associations entretiennent de bonnes relations avec le GTR. « *Nous entretenons de bonnes relations avec le MINSANTE et avec le niveau régional auquel nous dépendons, le GTR de lutte contre le Sida nous n'avons pas de problème. Les coordonnateurs qui s'y sont succédé ont travaillé avec nous et la coordonnatrice actuelle continue de travailler dans ce sens. Chaque fois qu'il y a une activité qui doit être menée par les associations, ou bien quand ils lancent des appels à manifestation pour les associations et qu'ils se rendent compte que notre association n'a pas encore soumissionné son dossier, ils ne se réservent pas de nous interpeller. Cela par des appels téléphoniques ou des messages électroniques* ».

Notons qu'en 2005, des contrats ont été signés entre le MINSANTE et certaines associations dont AFASO, AFSU. Des membres de ces associations ont été recrutés et formés (ARC) puis mis à la disposition de formations sanitaires où ils dispensent les conseils, suivent les patients à domicile pour s'assurer de l'observance du traitement, leur état général et le cas échéant, les conduire dans un centre de santé ou avertir le médecin traitant, ils participent également à la recherche des perdus de vue.

De nos jours, en vue de formaliser les relations entre le MINSANTE et les associations de lutte contre le sida, des attestations de collaboration sont délivrées à ces associations par le MINSANTE à travers le GTR. C'est le cas à l'Ouest où l'on peut lire sur une « attestation d'exercice d'activité » ceci : « *Je soussigné Dr ONANA EWANE Arnold, Coordonnateur du GTR de LCS pour l'Ouest atteste que l'organisation de la société civile dénommée DAUPHIN de Foumban exerce dans le domaine de la sensibilisation des communautés, le témoignage à visage découvert, l'incitation au dépistage volontaire, s'occupe aussi de la santé de reproduction...* ». Il ne s'agit pas d'un contrat de partenariat à proprement parler, mais d'attestations qui certifient que l'association existe et est active dans une localité. Ces attestations « légales » seraient exigées par les bailleurs.

Toutefois il faut reconnaitre que la collaboration du GTR avec les associations de LCS ne s'est pas toujours opérée sans heurts. La relation entre certaines associations et le GTR a connu des débuts que l'on peut qualifier de difficiles. Le président d'ACASEPO nous explique à ce propos l'expérience de son association dans la région de l'Ouest : « *De très bonnes relations existent aujourd'hui entre ACASEPO et le GTR. Mais je peux vous avouer que nous avons été créée en 2004 et que nous n'avons été reconnue au GTR qu'en 2006. En 2004, nous nous sommes rapprochés du GTR, le coordonnateur de l'époque a refusé de nous recevoir. Parce qu'il pensait que deux associations dans une ville était largement suffisant et qu'il fallait que on aille se dissoudre dans une association de la région, à savoir COLIBRI. À l'époque, notre refus était catégorique parce qu'un enfant qui naît ne saurait se dissoudre dans le ventre d'une maman pour être accouché de nouveau. Nous avons refusé et nous avons tenu à notre entêtement jusqu'à ce que le GTR constate que nos activités étaient palpables et qu'il accepte de nous intégrer. Nous avons été intégrés au GTR en 2006 et je peux vous avouer qu'aujourd'hui nous entretenons de très bonnes relations avec le GTR qui sait ce que nous faisons et qui comprend que s'il faut citer deux associations dans la région de l'Ouest, ACASEPO est incontestablement parmi les deux* ».

12.2. Relations entre les associations et les bailleurs

Les relations associations/bailleurs s'effectuent au travers des appels à candidature lancés par les seconds ou de propositions de projets initiés par les premiers. Des contrats sont signés entre les associations et les bailleurs pour matérialiser la relation qui existe entre eux. C'est le cas du contrat de prestation de service entre CARE et AFSU dans le cadre du projet de mobilisation de la société civile pour la lutte contre le VIH/Sida, la tuberculose et le paludisme. Ce contrat s'étendait sur une période de quatre mois, de septembre à décembre 2009.

Ceci étant, en l'absence de financement de bailleurs, les associations se fragilisent, les membres se démotivent, le taux de participation aux rencontres et l'effectif des champs d'action décroît. En outre, malgré l'arrivée tardive de financement, les bailleurs restent rigoureux quant au délai de finalisation de projets. Le virement tardif des financements et la sollicitation de rapports dans de très courts délais et ce pour plusieurs projets a pour conséquence le travail sous pression et le risque de ne pas fournir de bons résultats.

Pour les membres d'associations, cette relation se caractérise par :

L'ingérence des bailleurs : les membres d'associations reprochent aux bailleurs leur ingérence dans les activités qu'ils subventionnent au sein des associations. C'est le cas d'un projet de l'élevage de porcs de l'association ACASEPO subventionné par le PNUD à hauteur de 8 millions et dont son personnel s'est ingéré dans la gestion du projet. Voici ce que dit le président d'ACASEPO à ce sujet: « *...Nous avons reçu du PNUD une subvention de 8 millions de Francs pour l'élevage de porcs. En principe, il était prévu 120 porcs mais ce projet a connu un couac parce que le personnel du PNUD (je le dis ici, je lance une bouteille à la mer. Je le dis ici parce qu'on ne sait jamais ceux qui me liront comprendront qu'il y a des partenaires qui donnent de la main droite et qui récupèrent de la main gauche) nous a donc donné de l'argent, malheureusement c'est encore les dirigeants du PNUD qui étaient au centre de la gestion de notre projet. C'est eux qui payaient les porcs, le ciment pour la construction des porcheries, le vétérinaire, c'est-à-dire que c'est d'ailleurs un fiasco parce que ce projet nous a tellement fait mal que nous sommes partis d'un projet de 8 millions et on se retrouve avec moins de deux millions dans notre compte. Vous comprenez donc que dans cette mouvance qui veut qu'un partenaire donne de l'argent de la main droite et que les travailleurs de ce partenaire prennent cet argent de la main gauche, c'est vraiment difficile. Bon c'est un partenaire à vite oublier malgré qu'il ait apporté beaucoup de soutien dans la lutte, il y a son personnel qui nous a carrément coupé de l'herbe sous le pied* ».

Parallèlement, lors d'une discussion au siège de cette association le président nous confiait ceci : « *Notre financement de 8 millions octroyé par le PNUD a été géré par certains responsables de cette institution en quatre jours. Dans d'autres associations, ils prennent tout simplement leur quote-part* ».

Il ressort de ces propos deux constats :

- l'incompréhension des logiques de financement des bailleurs ou leur déni par les responsables d'associations ;
- l'*ingérence* et la logique de corruption qui existent dans l'exécution de certains projets subventionnés par les bailleurs.

Toutefois, il faut souligner que le projet d'élevage de porcs avait déjà été monté par ACASEPO qui ne sollicitait plus qu'un financement externe en vue de sa réalisation. Elle attendait du PNUD qu'il lui délègue le budget et la gestion dudit projet c'est pourquoi, elle n'a pas apprécié *l'ingérence* du personnel du PNUD qui était pourtant dans son rôle de contrôle de dépenses.

En effet, les logiques de gestion des projets varient en fonction des bailleurs et c'est d'ailleurs ce qui justifierait l'attitude du personnel du PNUD dans ce projet. On comprend dès lors que les associations voudraient elles-mêmes gérer les financements qui leur sont octroyés tandis que les bailleurs voudraient, eux, s'assurer de la bonne gestion de leurs subventions.

La forte directivité des bailleurs ressort aussi de ces propos d'un président d'association: « *Les bailleurs sont pires que les maladies opportunistes. Ils vous donnent de la main droite et ils reprennent de la main gauche. Aujourd'hui pour qu'ils vous financent, certains vous exigent d'être MSM et de lutter pour les minorités sexuelles* ». Un membre d'AFSUPES ajoute : « *Les relations avec les bailleurs dépendent du projet. On s'aligne à la politique du bailleur puisque c'est lui qui vient avec les fonds* » ; « *Seulement, les bailleurs nous imposent les lignes budgétaires. Par exemple, ils ne comprennent pas que la sensibilisation a encore sa place. Quand j'écoute les gens, il y a des gens qui ignorent les fondamentaux du sida. Il faut une prévention et une sensibilisation ciblée* ».

La non compréhension des réalités locales : une grande majorité de membres d'associations estiment que les priorités de financement des bailleurs ne répondent pas toujours aux besoins rencontrés sur le terrain. Ce membre de SUNAIDS dira : « *On n'est pas au même niveau de compréhension des choses. Ils ne sont vraiment pas au courant des réalités locales* »

D'après ces déclarations, les bailleurs imposeraient des règles que les bénéficiaires (associations) soit ne comprennent pas, soit qui ne cadrent pas avec le réel, on est dans une transposition d'un ailleurs ici qui ne marche pas forcément ou qui permet aux associations de s'adapter et de se mettre au niveau des exigences.

La dépendance des financements :

Un membre d'AFSU nous explique que « *c'est difficile aujourd'hui de parler de bailleur de fonds à AFSU parce qu'ils sont partis d'une manière brusque et catastrophique. C'est vrai qu'un proverbe chinois dit 'qu'il faut apprendre à l'enfant comment pêcher au lieu de lui donner le poisson' moi je pense qu'au début, les bailleurs de fonds quand ils nous octroyaient des financements, ils ne nous projetaient pas à 5 ou 10 ans après. C'était du genre que si tu avais un projet, on finançait, l'année terminée, on renouvelait le financement. Je crois que s'ils nous avaient prévenus que le financement que nous recevions ne pouvait pas être disponible dans quelques temps, on pouvait mettre de bases solides pour essayer de nous prendre en charge de façon autonome. Les bailleurs de fonds ont tout simplement disparu à un moment comme ça où nous nous attendions le moins.* »

La viabilité des projets :

Le financement des indemnités de transport des CPS du CHU est un exemple concret. En effet, de 2003 à 2006, les activités de conseils menées au CHU par les membres d'AFASO étaient soutenues financièrement par Entraide Santé 92. Ce soutien a pris fin en 2006 suite à l'absence de financement. Entre temps, les conseillères d'AFASO ont travaillé sans aucune indemnité de transport de janvier à septembre 2007. Le rapport d'activités 2007 souligne que *depuis 2007*, les indemnités de ces conseillères sont prises en charge par le Fonds Solidarité Sida Afrique.

12.3. Types de partenariat

Les bailleurs d'associations sont de deux types :

Les partenaires techniques :

Ils soutiennent les associations sur le plan purement technique (gestion, administration, formations diverses) comme en témoignent les propos d'un membre d'AFSUPES : « *Aides France par exemple nous formait à la gestion financière et administrative ainsi qu'un appui logistique. Les bailleurs de fonds nous aident également à participer aux formations à l'étranger* ».

Les partenaires financiers :

Ils octroient des financements directs aux associations en vue de leur permettre de mener à bien les activités programmées et de soutenir les membres comme nous l'explique cet autre membre d'AFSUPES : *« PECTEN nous accordé certains fonds qui nous ont permis de faire des AGR où nous avons financé 40 personnes à hauteur de 50 000F».*

A titre illustratif, en 2009 au COLIBRI, AIDES, SIDACTION et ASDEG sont cités comme partenaires techniques, et GIP ESTHER, Fondation Marc, CARE comme partenaires financiers.

Au total, les échanges d'associations de LCS locales avec les bailleurs, ONG ou associations internationales ont lieu dans le cadre de :

- partenariats dans le renforcement mutuel des capacités d'interventions ;
- réponses aux appels à des projets internationaux ;
- coalitions internationales (réseaux d'associations initiés par les bailleurs)

13. Pistes d'analyse

Notre recherche visait donc à comprendre comment les associations de lutte contre le sida composent avec les nouvelles expériences, contraintes, et attentes placées en elles. Mais aussi les liens qu'elles établissent :

1. avec les autorités nationales ou les agences de financement ;

2. avec les structures de prise en charge qui accueillent leurs membres dans le cadre d'interventions ;
3. avec les autres associations dans un contexte d'accès aux ressources concurrentiel.

Partant de là les aspects suivants nous semblent devoir être mis en avant pour conclure :

13.1. L'autonomie

L'autonomie se lit dans un premier temps à travers l'expertise spécifique adressée aux partenaires hospitaliers et institutionnels. Dans ce sens, les associations sont devenues des entités qui non seulement travaillent sur, mais surtout avec, le VIH et posent sur ces questions un regard d'expert qui maîtrise les problématiques soulevées par l'infection à VIH. Cela suppose également qu'elles sont en mesure de poser sur la réalité un diagnostic différent de celui des experts nationaux ou internationaux : « *Par exemple, ils ne comprennent pas que la sensibilisation a encore sa place. Quand j'écoute les gens, il y a des gens qui ignorent les fondamentaux du sida. Il faut une prévention et une sensibilisation ciblée* » (responsable d'association).

13.2. La dépendance

La dépendance vis-à-vis de l'extérieur est principalement d'ordre financier. En 2008, à AFSUPES par exemple, la participation budgétaire interne était de l'ordre de moins de 3% ; elle atteint les 5% en 2009 pour redescendre à 3% en 2010. L'association dépend donc des partenaires nationaux ou internationaux pour fonctionner et mettre en œuvre ses programmes. Cette situation crée donc une anxiété sur l'avenir incertain de l'association : « *Quand la fin d'année arrive, je deviens fébrile parce que je ne sais pas de quoi l'année prochaine sera faite* » (membre d'association). D'autre part cette dépendance semble restreindre les efforts de créativité ou de singularité de l'association : *« On s'aligne à la politique du bailleur puisque c'est lui qui vient avec les fonds » ; « les bailleurs nous imposent les lignes budgétaires* » (membres d'association).

13.3. Le lien entre identité de malade et identité d'expert

La plupart des membres qui viennent en association pour la première fois sont focalisés sur leur identité de malade et viennent y chercher du soutien et du réconfort dans la présence des autres qui sont « comme eux » : « *Tu avais juste besoin de voir quelqu'un dans la même situation que toi* ». En effet la quasi-totalité des personnes interrogées qui viennent en association le font à cause de leur séropositivité doublée du besoin d'aider les autres.

Progressivement il y a une évolution de la représentation que les membres d'associations se font d'eux-mêmes. On part d'une situation de victime à celle d'un acteur doté d'une expertise dont les autres ont besoin. Dans leur souci d'aider les autres, les membres ont reçu des formations (CPS, management, montage des projets etc.) et sont en mesure d'apporter leur expertise dans ces domaines (ils font état de diplômes et certificats de reconnaissance ou encore de leur travail sur le terrain qui est apprécié par la majorité des partenaires hospitaliers) : « *Tous les médecins qui font la prise en charge considèrent mon travail. Ceci s'est fait à la suite d'un séminaire de renforcement de capacités (organisé par ESTHER) dans lequel j'ai présenté un module sur la prise en charge psychologique et sociale. J'ai bien présenté mon exposé en abordant les responsabilités de chacun. Depuis lors, ils m'écoutent et me respectent* ».

Dans ce clivage entre identité de malade et identité d'expert, il y a une construction de soi autour de l'identité d'expert porteuse d'un statut et d'une identité sociale valorisée. Les personnes interrogées se présentent aux autres sous l'égide de cette identité et refusent les rapprochements faits avec l'identité de malade. L'identité de malade, en effet, véhicule la stigmatisation en dépit du fait, par exemple, d'être CPS dans les centres hospitaliers.

Globalement, cette situation génère intolérance et frustration de la part des membres d'associations qui se manifeste par le fait de taire volontairement leur statut sérologique. Ce silence concerne la plupart des membres interrogés qui taisent volontairement leur statut même face à leurs proches (partenaire, membre proche de famille comme un frère ou un parent). Mais en même temps, ces personnes abordent leur statut quand elles sont suffisamment mises en confiance, quand elles sont ensemble, en association, et mènent des projets ou s'activent dans le plaidoyer. On ne pourrait donc pas à proprement parler de déni mais d'une restriction (consciente, inconsciente ?) de l'information motivée par le besoin de se protéger et d'être jugé à partir d'autres valeurs (comme la compétence ou l'expertise). L'implication dans un collectif permet ce faisant d'occulter la peur de la stigmatisation ou du rejet.

Un autre aspect de l'identité touche au désir de s'affranchir de l'univers hospitalier (hôpital-CPS-ARC-etc.) pour acquérir un autre type de compétence qui survivra à la maladie : « *Mais si les formations qu'on nous offrait étaient dans les aspects techniques comme la mécanique, la menuiserie mais c'est toujours en lien avec le VIH SIDA c'est ça le problème. D'ici 10 ans, on ne parlera plus de VIH/sida. Ce sera une page tournée* ». Quel que soit le registre activé (hospitalier, associatif ou séculier), il serait intéressant de connaître l'impact de ce « déni » sur l'identité (malade, expert, membre d'un réseau social) des sujets.

13.4. Le lien entre individu et collectif

En toute logique, les PVVIH interviennent dans les lieux de discussions et de décision (centre hospitalier, ligne d'écoute etc.) en tant qu'individus mais aussi et surtout en tant que membres d'association. La logique individuelle émerge lorsqu'il s'agit du placement des sujets dans les institutions selon des compétences, ded caractéristiques intra individuelles comme le niveau scolaire, la personnalité, et de participation dans l'association. Mais l'association semble être la « mère nourricière » car la grande majorité des membres interrogés définissent leur implication dans les lieux où ils travaillent plus en tant que membre de l'association, qu'en tant qu'individu doué de compétences ou d'un réseau social pourvoyeur d'avantages.

On distingue tout de même deux trajectoires :

D'une part, des membres placés dans des structures par l'association qui a un droit de regard sur les activités menées qui, progressivement, se définissent un parcours individuel tout en continuant de satisfaire au droit de regard de l'association. Cela s'observe à travers les témoignages des CPS placées en institution. D'autres part, des membres se situent déjà d'emblée dans un parcours individuel mais continuent d'être présents dans l'association et rendent compte des activités faites dans leurs nouvelles fonctions. Ce qui renforcerait l'idée de l'association comme « mère nourricière ».

En dernière instance, nous pouvons dire que les associations entretiennent avec les bailleurs de fonds des relations marquées par une extrême dépendance de leurs soutiens financiers malgré une relative autonomie conférée par l'expertise acquise avec les activités menées (auto support, conseil psycho social etc). Cette expertise est réelle et devrait – du point de vue des enquêtés - bénéficier d'une reconnaissance officielle des autorités nationales au lieu de la frustration et de la non prise en compte de leur revendication d'un statut de professionnel de santé. Un premier et essentiel défi est la progression vers la professionnalisation tout en maintenant les acquis de l'associatif. Un autre défi serait le partage du projet associatif commun avec tous les membres. N'oublions en effet pas qu'en dépit des parcours vers l'individualisation des membres associatifs, l'association reste la mère nourricière vers laquelle la plupart se retournent pour bénéficier des prestations ou appels d'offres qui sont conditionnés par l'appartenance au milieu associatif.

Chapitre 3

Les associations dans les structures de santé

Fadimatou MOUNSADE & FOGUE FOGUITO

1. Introduction

Dans le cadre de l'étude à l'origine de cet ouvrage dont l'objectif est de comprendre comment les associations d'aide et de lutte contre le sida composent avec les expériences de l'heure, les contraintes et attentes placées en elles, nous avons effectué des missions de recherche dans les structures sanitaires de prise en charge des personnes vivant avec le VIH (PVVIH) afin d'observer l'implication en milieu hospitalier des associations de lutte contre le sida.

Du 12 avril 2010 au 7 décembre 2011, nous avons observé leurs pratiques et eu des entretiens avec l'ensemble des acteurs de suivi thérapeutique des PVVIH (médecins, paramédicaux, personnel associatif, agents d'appui) dans neuf structures de santé réparties dans trois régions du Cameroun. Ainsi, s'appuyant sur l'existence d'un service fonctionnel de prise en charge de PVVIH, la situation géographique, la présence associative et le plateau technique, les hôpitaux de District de Nylon, HDN, Saint Jean de Malte de Njombé, HSJM, et Laquintinie de Douala, HLD dans la région du Littoral, les hôpitaux Protestant de Ndjoungolo, Central de Yaoundé, HCY, et de District de Bafia, HDB, dans la région du Centre et les hôpitaux de district de Mbouda, HDM, Régional de Bafoussam, HRB, et de district de Foumban, HDF, dans la région de l'Ouest ont été investigués tout comme les associations intervenant respectivement dans chacune desdites structures sanitaires. Cent trente cinq acteurs en milieu hospitalier, 19 associations et ONG de lutte contre le sida, 13 responsables d'associations et membres n'intervenant pas en milieu hospitalier ont constitué l'échantillon de cette étude (voir Tableau 4 ci-dessous).

Pour évoquer les enjeux et défis de l'activité associative en milieu hospitalier, nous présenterons d'une part la problématique d'intégration des associations de lutte contre le sida dans les structures de prise en charge de PVVIH et d'autre part, les implications de cette intégration à la fois sur les structures de santé et sur les associations elles-mêmes.

2. Données générales sur la population enquêtée

Tableau 4 : Personnels des associations et des structures de santé

Région	**Littoral**			**Centre**			**Ouest**		
Struct. Santé	Hôpital District de Nylon	Hôpital Laquintinie Douala	Hôpital St Jean de Malte Njombé	Hôpital Central Yaoundé	Hôpital District Bafia	Hôpital Protestant Djoungolo	Hôpital District Mbouda	Hôpital régional Bafoussam	Hôpital district Foumban
Assoc.	AFSUPES SUNAIDS Newway +	ACA Merenso Espoir + SUNAIDS APAS SWAA CEEPSYPec	Kasafro	AFASO AFSU KidAids	Le Roseau		Etoîle Mangwa	APICAMC OLIBRI	DAUPHIN Main dans la main
Méd. / Pharm.	3	3	5 / 1	4	1	1	1	5 / 1	3

Param.	3	6	3	5	4	2	4	2	4
Gestion naire d'ARV	1								
Educ. Thérap	1								
ARC		3	3	4	4		4	4	1
Agent Collect/ statistic	1		1				1		
Animat thérap.	1								
Conseil psycho	4	8		2	1	1	2	8	2
Cliente experte			2						
Mère prestat.		5							

Dispen satrice	2	1							
Assist. Sociale	1	1	1	1				1	
Psycho.								1	
Nutrit.								1	
Total prof.	**17**	**27**	**16**	**16**	**10**	**4**	**12**	**23**	**10**
Total par région	**60**			**30**			**45**		

Note : de façon générale, il y a autant de personnel médical et paramédical que de personnel non soignant soit 62 soignants (28 médecins et 33 paramédicaux) sur une soixantaine de non soignants parmi lesquels 43 membres d'associations et 16 ARC issus des recrutements de 2005 et 2007 lancés par le MINSANTE. Le personnel associatif est issu de 19 associations de lutte contre le sida qui pour la plupart ont vu le jour à partir de 2000. Comme l'indique le tableau synoptique suivant, seules 4 associations ont été légalisées avant les années 2000, la SWAA (en 1991), CEEPSYPEC (en 1999), AFASO (en 1999) et AFSU (en 1994).

Tableau 5 : Caractéristiques des associations enquêtées et effectifs des interviewés

Association	Structure de santé	Création et légalisation	Siège	Dénomination	Effectif dans structures enquêtées	Effectif assoc enquêtés dans structure de santé
ACAS	Hôpital Laquintinie	10 janvier 2005	Hôpital Laquintinie Douala	Association Camerounaise d'Aide et de Soutien	6	5 mères prestataires et la présidente
MERENSO		Créée Octobre 2002 et légalisée en décembre 2002	Bépanda, 3 Baham	Mères Enfants Solidarité	2	1 CPS et la présidente
ESPOIR +	Hôpital Laquintinie	Créée en 2001 légalisée en 2002	Bépanda, Face Texaco Omnisport, nouveau MRS	Espoir Plus, L'espoir fait vivre	2	1 CPS et la présidente
SUNAIDS		Créée en 2000	Bali face Adlucem	Sun Aids	2	1 CPS
APAS		Créée en 2002	De PK 8 à	Association de	2	2 CPS et la présidente

		légalisée en Août 2002	Nlogbaba marché depuis 2007	Personnes Affectées par le VIH/Sida		
SWAA Littoral		Mars 1991	Akwa, Rue Foch	Society for Women Against Aids in Africa	2	1 CPS et la représentante de la présidente
CEEPSYPEC		Créée le 18 juin 1996 légalisée en 1999	Cité des palmiers, pharmacie Cité des palmiers	Centre d'Ecoute Psychologique et de Prise en charge	3	3 ARC et le président
AFSUPES	Hôpital de District de Nylon	2000	Nouvelle route Km 5	Association des Frères et Sœurs Unis Pour l'Espoir et la Solidarité	2	1 CPS et le président
SUNAIDS		Créée en 2000	Bali face Adlucem	Sun Aids	4	3 CPS et la présidente
New Way +		Créée en 2005 et légalisée en 2006	Nylon, Carrefour Nelson Mandela, entrée	New Way Plus	2	1 animatrice thérapeutique, 1 CPS et la présidente

			Florentina, Elf Axe lourd			
Kasafro	Hôpital Saint Jean de Malte de Njombé	Créée en 2003 et légalisée en 2005	Hôpital de Penja-Centre d'écoute et d'assistance psychosoc.	*Komnofamb,* Actions Sans Frontières Onlus	*2*	1 Patiente-experte et la présidente également patiente-experte
AFASO	Hôpital Central de Yaoundé	1999		Association des Femmes Actives et Solidaires	8	5 CPS
AFSU		Créée en 1988 et légalisée en 1994		Associations des Frère et Sœurs Unis	1	1 CPS
KIDAIDS				Kids Aids (Organisation pour l'éducation, le développement et la santé maternelle et infantile)	1	1 CPS
Le roseau	Hôpital de	2005		Le Roseau	0	Le président

	District de Bafia					
Etoîle Mangwa	Hôpital de District de Mbouda	2003	Siège près de l'hôpital	Etoîle Mangwa de Mbouda	3	3 CPS et le président
APICAM	Hôpital Régional de Bafoussam	2001		Association des Personnes Infectées du Cameroun	3	3 CPS et le président
COLIBRI		Créée 2000 et légalisée 2001		COLIBRI	5	5 CPS
Le DAUPHIN	Hôpital de District de Foumban	Créée et légalisé le 24 mai 2004	Siège actuel domicile d'un membre (avant : district de Foumban)	Le DAUPHIN	2	1 CPS, Le président
Main dans la main		Créée en 2007 et légalisée en 2009	Siège à Education de Base de Koutaba	Main dans la main	1	1 (Présidente)

Note : cinquante membres d'associations sont présents dans les différentes structures de prise en charge. 55 entretiens ont été réalisés (selon le statut, des enquêtés ont été interviewés 2 fois : c'est le cas des responsables d'association qui ont été approchés en tant que responsable puis en tant qu'intervenant dans le suivi psychosocial en milieu hospitalier) soit 15 entretiens avec des présidents et 43 avec des membres d'associations. Notons que les présidentes de Kasafro et Main dans la main interviennent comme patiente-experte et CPS dans les structures de prise en charge. Elles sont d'ailleurs les seules responsables d'associations intervenant encore en milieu hospitalier dans la prise en charge psychosociale.

3. L'intégration des membres d'associations dans les structures de prise en charge de PVVIH

3.1. L'arrivée des associations dans le champ thérapeutique

Démarche associative d'intégration de l'espace hospitalier

Tous les responsables de structures de prise en charge relèvent que ce sont les associations qui proposent leurs services aux hôpitaux. Très peu (5 sur 19[2]) d'associations ont des conventions formelles et officielles avec les structures de prise en charge et encore moins avec le GTR, l'organe technique de coordination de la prise en charge hospitalière du VIH du MINSANTE. Pour les associations qui ont passé une convention formelle, cela s'est opéré sous le couvert d'une ONG ou suite aux exigences d'un bailleur de fonds. C'est le cas avec les partenariats entre ESTHER/MINSANTE/associations de LCS ou encore UE/MINSANTE/CD2/Associations. Que le contrat soit verbal ou conclu dans une convention, il s'agit d'un partenariat dans lequel les services fournis par l'association (la mise à disposition de l'hôpital d'un personnel psychosocial) le

[2] COLIBRI à l'Ouest via le projet ESTHER, AFASO à l'HCY via le projet ESTHER, CEEPSYPEC et SUNAIDS à l'HLD et AFSUPES à Nylon via le projet ESTHER.

sont à titre bénévole et volontaire. Ainsi, les responsables de structures de PEC estiment que les revendications d'ordre salarial ou professionnel des membres d'associations n'ont pas lieu d'être et, le cas échéant, elles doivent être adressées à leurs associations ou à l'Etat, dont ils sont membre ou personnel. Les propos d'un coordonnateur de CTA illustrent bien cette posture : « *Quand le ministère de la Santé affecte un médecin ou un infirmier à l'hôpital et que le Directeur de l'Hôpital l'affecte dans mon service, je ne me pose pas la question de savoir si son salaire passe ou non. Cela n'est pas de mon ressort. Moi je l'emploie juste. Il en est de même pour les associations. Quand les responsables viennent nous proposer leurs services, je ne demande pas si leurs membres sont payés ou pas, et puis quand on dit bénévolat, on n'attend pas d'être rémunéré* ».

Ce point de vue est battu en brèche par les membres et les responsables d'associations qui estiment que du fait que l'hôpital bénéficie de leurs services, il est juste qu'au même titre que tous les autres prestataires de service, qu'ils en tirent les retombées. Le recours aux associations devient ainsi problématique car le statut de ce personnel reste indéfini dans l'organigramme hospitalier. On est face à une définition peu éclairée du cadre d'interventions des associations dans l'espace soignant. D'abord, les revendications des associations pour une reconnaissance professionnelle de leurs activités en milieu hospitalier interrogent d'une part les objectifs associatifs dans la LCS et d'autre part les relations à entretenir avec les autres institutions de LCS. Ensuite, ces revendications interrogent même la répartition des retombées de la production des actes de soins. En tant qu'intervenant à la production des quote part du service, les associatifs sont-ils en droit d'en bénéficier ? Les responsables de structures de pec, semblent éluder la question. Pour eux, seul le personnel de santé y a droit selon les textes réglementaires. Ce qui interroge également la nature de l'intervention des activités associatives dans l'espace soignant, s'agit-il d'une activité connexe au soin ou d'un soin de santé ? Question sur laquelle nous reviendrons.

Une demande maquillée des structures de prise en charge : la création des associations de PVVIH

Dans un grand nombre de structures sanitaires de PEC du VIH/Sida, les associations ont pris essor à partir de l'impulsion des responsables desdites structures et de la coordination régionale de lutte contre le sida. En fait à partir de 2005, avec le mouvement de décentralisation de la PEC hospitalière du VIH, les UPEC sont créées et le regroupement des PVVIH est prôné afin de mieux encadrer et suivre la file active, mais aussi afin de prendre en compte les dimensions psychologique et sociale de la PEC telles que recommandées par l'ONUSIDA en la matière. Cela est favorable aussi bien au système d'offre de soins qu'à la société civile qui se voit céder des territoires. La participation communautaire se fait à partir de l'impulsion donnée par les structures institutionnelles de prise en charge de PVVIH même si elle est portée par des organisations de la société civile comme nous le constaterons plus tard.

Le personnel médical et paramédical reconnaît bien la place du personnel associatif dans la prise en charge, celle de renflouer le déficit de ressources humaines mais surtout celle du témoignage sur site. L'accompagnement psychosocial exercé dans la PEC du VIH par le personnel associatif a même été présenté comme une composante des soins médicaux et infirmiers par le personnel paramédical. Cependant, ils ne considèrent pas comme soignants les intervenants associatifs.

De plus, toutes les associations intervenant dans les structures de prise en charge n'ont pas toujours eu pour vocation première la LCS. C'est en réponse à un appel à manifestation d'intérêt pour la mise à disponibilité d'ARC au MINSANTE que les ARC de CEEPSYPEC sont arrivés à l'Hôpital Laquitinie de Douala en 2005. Ils estiment que cela a surtout répondu à leur souhait d'exercer la psychologie qu'ils étudiaient à l'université.

3.2. Historique des associations dans la lutte contre le sida en milieu hospitalier

L'Hôpital central de Yaoundé et l'hôpital Laquintinie de Douala en 1998 sont les structures de PEC pionnières dans le suivi des patients VIH+. Ce suivi, dans les deux hôpitaux part d'une initiative privée impulsée par une association de LCS qui y avait installé son siège (bureau). La SWAA, pendant plus de deux ans, a été la seule implantée dans des structures de prise en charge. Elle y a initié la prise en charge globale, médicale et psychosociale, en fournissant des médecins consultants et des accompagnateurs psychosociaux pour le soutien moral et social aux personnes dépistées séropositives. Plusieurs responsables d'associations[3] ont débuté leur vie associative comme accompagnateur psychosocial à la SWAA «*j'ai commencé le combat contre le VIH à la SWAA comme CPS à Laquintinie après mon dépistage en 1998*» nous apprend une Présidente d'association.

La PEC sera institutionnalisée dans les années 2000 par l'Etat camerounais. Cette reprise en main viendra bousculer l'hégémonie de la SWAA et favoriser le boom associatif et la conquête associative de l'espace hospitalier de PEC du VIH. De deux associations en 1998 (AFSU et SWAA), puis 4 en 2000 (SWAA, AFSU, AFASO et SUNAIDS), on arrivera quasiment une centaine d'associations dix ans plus tard[4].

On note une insertion associative du milieu hospitalier en trois phases, correspondant pour les deux dernières phases au niveau de décentralisation de l'offre de LCS. En 2000/2002, les grands centres de santé au niveau régional sont investis. En dehors de l'HCY et de l'HLD où la SWAA a favorisé la structuration de la prise en charge, l'initiative du regroupement associatif de PVVIH est impulsée par les responsables de structures hospitalières de PEC du VIH en 2005 sous l'égide

---

[3] Espoir + de Douala.

[4] La GTZ dénombre déjà en 2003 73 associations de LCS au Cameroun : cf SUNAIDS ; *témoignages, camerounais vivant avec le VIH/sida*, éds SUNAIDS, témoignages Afrique 2002, GTZ, Collectif SUNAIDS.

des GTR (ex GTP). L'appui à la structuration associative par le GTR s'estompe en 2007

Courant 1999, la GTZ (actuellement GIZ) lance son projet sur la santé de reproduction des jeunes au moment où il n'existait que 3 associations de PVVIH (AFSU, SUNAIDS, AFASO). Un des objectifs de ce projet était de favoriser l'émergence de nouvelles associations de PVVIH dans les autres régions du pays. Au moment où la première assemblée générale constitutive du RECAP+ se tient en 2000, plusieurs missions de repérage des PVVIH sont lancées dans tout le pays et des contacts très avancés sont déjà noués avec quelques PVVIH pour la mise en route de leurs associations. Il faut préciser que le recrutement des PVVIH par leurs pairs se faisait sur les lieux de PEC. A cet effet, la GIZ a beaucoup facilité le processus de ce recrutement en versant des indemnités, voire même des salaires, à certaines PVVIH qui étaient chargées de ce travail dans les hôpitaux régionaux. Plus tard, lorsque plusieurs associations ont été constituées, elles ont gardé le lien avec le milieu hospitalier pour les raisons déjà évoquées plus haut.

Des institutions telles que la GTZ, à travers son programme d'appui à la santé communautaire et la facilitation de l'accès aux soins pour la PVVIH (en mettant sur pieds des mutuelles de santé dans les districts de santé au niveau des aires de santé, et dans les structures de santé), développent un programme de participation communautaire à travers la notion de patients-experts, ceci en vue du témoignage sur site hospitalier du vécu de la maladie et de la lutte contre la stigmatisation des PVVIH.

Aujourd'hui, bien que les financements se raréfient, ce sont les appuis apportés par les ONG et les organisations internationales de LCS qui permettent encore une vie associative pour nombre d'associations.

3.3. Reconnaissance et connaissance de l'activité associative en milieu hospitalier

Le personnel médical et paramédical a connaissance de l'existence du personnel associatif dans la chaîne de PEC du patient. Mais ces acteurs traditionnels de soins font des confusions entre les projets de recherche logés dans les structures de santé et les associations ou ONG de LCS. C'est le cas à l'hôpital Central de Yaoundé avec les projets Dynamo et 2lady qui sont considérés comme des associations et les monitrices d'étude comme les membres d'association. A l'hôpital de district de Bafia, le projet Stratall a jusqu'à son terme été pris pour une association à la fois par les patients et le personnel. Il en est de même pour Pédiacam à l'hôpital Laquintinie de Douala et pour la mutuelle de santé, MUSADI, de la GIZ à l'hôpital Saint Jean de Malte de Njombé.

Il en résulte que les projets ont plus de visibilité que les associations du fait même de ses retombées pécuniaires en termes de rémunération/indemnisation du personnel impliqué et des avantages que la recherche procure aux participants. Toutes choses que les associations n'offrent compte tenu des moyens dont elles disposent. Le travail associatif est alors perçu à travers l'individu, le membre.

Au-delà de la reconnaissance de l'aide apportée par le personnel associatif, les acteurs traditionnels de soins en milieu hospitalier ne le considèrent pas comme un professionnel de soins de santé, mais juste comme un pair/patient dont le rôle est interpellé uniquement pour le témoignage : « *il m'a semblé utile de me faire aider par les associatifs dans la PEC psychosociale à cause du burn out du personnel, j'ai également introduit des psychologues...* » nous apprend un responsable de CTA.

Le travail des CPS apparaît juste comme un complément qui arrive à point nommé, d'ailleurs, une infirmière enquêtée a trouvé qu'elles faisaient le travail que les infirmiers abattaient déjà. Le personnel associatif dans la plupart des structures de prise en charge a d'abord été relégué aux tâches de rangement et de fouille de dossiers médicaux des patients. Tous les personnels (soignant, social, techniciens de surface) ont un uniforme de travail sauf les CPS[5]. « *A l'Hôpital de district de Nylon (HDN), les femmes de ménages sont mieux que les CPS,*

[5] Au sein des équipes psychosociales, à l'HLD, seules les mères prestataires arborent une blouse de travail, à l'HDN, seules l'infirmière et l'assistante sociale en portent une et à Njombé, seulement les ARC du MINSANTE. Dans le Centre et à l'Ouest, on assiste quasiment à un port de blouse par tout le personnel de la PEC du VIH/Sida.

elles ont des blouses et ont un bureau. Et nous, regardez où on travaille ! » s'exclame une CPS de l'HDN, la même remarque est soulevée à l'HLD où le personnel associatif est également interdit du port de blouse de travail, afin d'éviter toute confusion avec le personnel soignant. Une CPS notera que « *même si par le passé les membres d'associations ont refusé les blouses, aujourd'hui, les données ont changé. Par exemple, à Nylon, les CPS font dans l'accueil et l'orientation avant même de prendre en counselling les patients. Quand vous allez vers un patient et vous lui demandez si vous pouvez faire quelque chose pour lui, comme la dame de tout à l'heure, il vous dit, vous c'est qui ici pour me demander cela ? Cela est très frustrant pour nous. Pourtant, nous intervenons efficacement car les CPS sont la porte d'entrée de la prise en charge ici* ».

Cela s'ajoute au fait que l'équipe psychosociale est indexée dans certaines structures de prise en charge par l'assistante sociale. C'est le cas à Nylon, à l'HCY. Par ailleurs, le personnel associatif n'est pas dénombré dans les effectifs des structures de prise en charge, d'ailleurs leur présence au comité thérapeutique est fonction de l'orientation personnelle qu'impulse le responsable de la structure à son service. Des CPS à l'hôpital de District de Nylon constateront que : « *Il y a deux ans, des gens sont venus de Yaoundé recenser le personnel de l'hôpital et nous, on nous a mis à l'écart* », le travail des conseillères « *n'est pas bien reconnu, à partir du moment où on accepte notre présence, on reconnaît notre travail, quand on parle d'équipe psychosociale, on ne dit pas CPS, nous ne sommes pas officiellement invitées aux réunions du personnel, on dit que nous sommes du privé. Mais moi, je vais souvent assister au comité thérapeutique et personne ne me chasse. Il faut professionnaliser, valoriser notre métier* - elle le dit avec insistance -, *c'est-à-dire reconnaître au niveau de Yaoundé, nous intégrer dans l'administration … nous sommes la porte d'entrée dans toutes les UPEC, si à la porte d'entrée il y a un échec, ici, il y a une file active car l'accueil est bon* ».

Les responsables de structures de prise en charge recourent aux associations pour l'IEC sur les IST/VIH/Sida :

1- Le CDV (counselling pré-test, post test, counselling de suivi et ouverture des dossiers) ;
2- La recherche des patients sous ARV perdus de vue selon les informations statistiques mensuelles ;
3- L'aide à l'observance (éducation thérapeutique dans les locaux de chacune des associations sous l'encadrement de la conseillère chargée des services VIH délocalisés).

Notons toutefois que, même pour les membres d'associations dont le responsable est un professionnel de santé, les rapports avec la structure de prise en charge est fonction de la qualité de relation entre le responsable et la structure de prise en charge. Les mères prestataires d'Acas par exemple sont des *intouchables*[6] à l'HLD, la présidente d'ACAS étant la coordonatrice de l'hôpital du jour. Cela confère le droit d'intervenir dans des aspects plus délicats de la discussion thérapeutique avec le patient. Le responsable ayant une certaine confiance dans les personnels qu'il connaît mieux. Cette reconnaissance est aussi suscitée par la participation en commun à des projets de LCS. Par exemple, à l'HRB, les CPS de COLIBRI sont plus connues par les professionnels de soins du fait d'avoir eu ensemble, à travers ESTHER des formations communes sur la prise en charge globale du VIH.

4. Le personnel associatif : acteurs et activités

4.1. Les acteurs

Il se dégage dans la prise en charge globale des PVVIH, deux grands groupes d'acteurs, les soignants (les médecins, les paramédicaux) au cursus professionnel bien spécifié, formation et carrière professionnelles déterminées ; et les *non soignants* aux cursus et parcours professionnels divers, répartis en deux catégories :

- les associatifs comprenant selon la structure de santé, les conseillères psychosociales (CPS), l'animatrice thérapeutique, l'éducatrice thérapeutique, les clientes-

---

[6] Expression employée par un personnel associatif pour qualifier les rapports de travail entre associations et structures de PEC.

expertes, les mères prestataires, l'assistante sociale et les Agents de Relais Communautaires (ARC) qu'on retrouve également dans la catégorie des non associatifs.
- Les non associatifs qui sont les agents d'appui à titre contractuel (recrutement de 2005 et de 2009) ou bénévole (en place après 2009, année de suspension des activités des ARC PPTE).

Le schéma suivant représente la cartographie d'acteurs de la prise en charge globale du VIH.

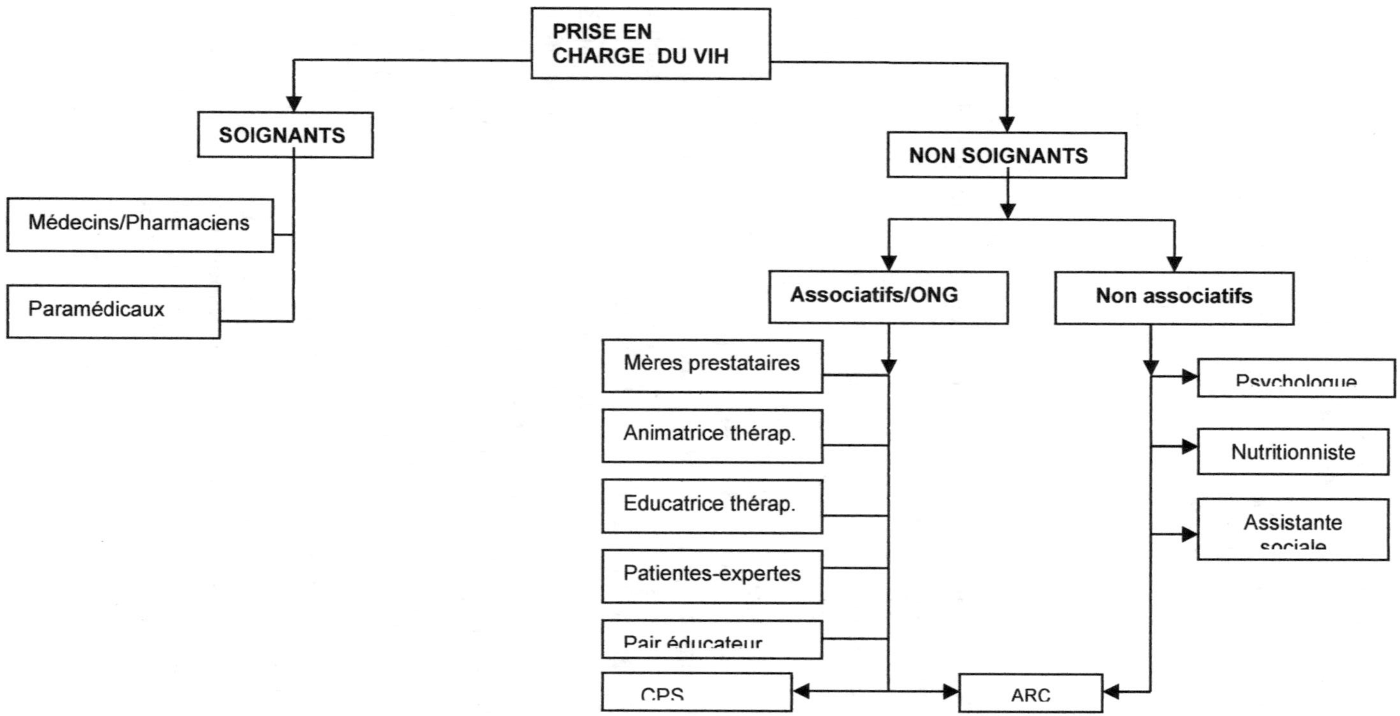
PRISE EN CHARGE DU VIH
SOIGNANTS
Médecins/Pharmaciens
Paramédicaux
NON SOIGNANTS
Associatifs/ONG
Non associatifs
Mères prestataires
Animatrice thérap.
Educatrice thérap.
Patientes-expertes
Pair éducateur
CPS
ARC
Psychologue
Nutritionniste
Assistante sociale

4.2. Répertoire terminologique des associatifs dans la prise en charge psychosociale

On note une pléthore de termes pour désigner le personnel issu des associations intervenant dans la prise en charge psychosociale. Le plan national de lutte contre le sida a prévu l'insertion de PVVIH dans la prise en charge hospitalière. En faveur de la promotion sociale du regroupement des PVVIH en association, les PVVIH pouvant intervenir dans le dispositif thérapeutique de prise en charge hospitalière du VIH y sont recrutées. Elles arrivent à l'hôpital comme mères prestataires, terminologie utilisée par l'association ACAS, Conseillères psychosociales, terminologie mise en exergue par ESTHER Cameroun, Patientes-expertes, expression de la GTZ, ou encore ARC, VRC (Volontaires Relais Communautaires) terminologies mises en valeur par le programme d'accompagnement psychosocial du MINSANTE et de CARE Cameroun, Animatrice thérapeutique et parfois Pairs éducateurs (peu rencontrés) en charge des séances d'IEC, différents des CPS qui ont des indemnités d'ESTHER et qui travaillent quotidiennement à l'hôpital, Educatrice thérapeutique qui met un accent sur l'observance thérapeutique, terminologie employée par MSF à l'hôpital de Nylon.

Cette diversité terminologique des acteurs non associatifs renvoie cependant aux mêmes pratiques dans le circuit de prise en charge. Et au sein d'une même structure de santé, ces diverses appellations peuvent être rencontrées. Structures de PEC et associations subissent alors le diktat terminologique des projets des bailleurs de fonds. La principale conséquence en est une confusion et un chevauchement de rôles des divers acteurs. Ce qui dans l'organisation managériale des équipes soignantes suscite des tensions entre associations et entre associations et responsables des structures de PEC.

Les professionnels de soins estiment que le travail des associations est important mais les responsables des structures de santé notent qu'il faut y mettre de l'ordre et assurer une communication saine entre les associations et l'hôpital. Il est important pour l'hôpital d'avoir une pleine connaissance des compétences de ce personnel et que les bailleurs de fonds promeuvent des projets qui prennent en compte leurs indemnités à défaut de les salarier. D'ailleurs, ils sont très réticents sur la façon dont le lobbying des ONG introduit dans l'hôpital une poignée de personnel associatif pris en charge à côté de ceux qui exercent depuis longtemps bénévolement. Pour les professionnels de la santé, si un organisme veut aider, qu'il prenne en charge tous les acteurs, afin d'éviter les discriminations et les conflits entre associations et individus.

4.3. Le curriculum des acteurs de la prise en charge du VIH

Le personnel en général a une forte expérience dans la PEC du VIH. En moyenne, le personnel non soignant est dans le suivi psychosocial depuis au moins 5 ans et en sont à leur deuxième structure de prise en charge au moins. En dehors des ARC PPTE et du personnel d'appui (assistante sociale, agent de collecte de données, psychologue/nutritionniste), le personnel psychosocial exerce dans plusieurs structures de prise en charge. En fonction des contrats, ils sont indifféremment CPS, ARC, animatrice thérapeutique ou médiateur social. Le personnel soignant quant à lui est dans la prise en charge du VIH depuis au moins trois ans. Aucun membre d'association en dehors des ARC étudiants en psychologie n'a atteint le cycle universitaire. Les enquêtés ont un niveau scolaire du 1er cycle du secondaire en grande partie (54 des 135 enquêtés). Il existe un peu plus d'une dizaine de personnes (3 paramédicaux, 10 personnels associatifs) dont le niveau scolaire est le primaire.

Tableau 6 : Caractéristiques des acteurs de la PEC du VIH dans les structures de santé observées

Catégories Prof.		Méd. Phar.	Param.	Assist. sociale	ARC	Client expert	Mère prest.	Anim./ Educ. Théra.	CPS	Dispen satrice	Psycho Nutri.	Agent collecte	Tot.
Niv scol	Prim.		3		5				5				13
	1er cycle		23		11	2	3	1	8	3		3	54
	2nd cycle		6	5	4		2	1	15				33
	Univ.	28			3						2		33
Tra vail	Petit métier				15	2	3	2	18				40
	santé	28	33	2	5				5				73
	Autre			3					2	2	2	2	11

	Elève Etud.				3		2		3	1		1	10
for-mation	Médecine/ Phar.	28											28
	Infirm/ Tech. labo.		33										33
	DIU sur VIH	5	4						1				10
	Autre			5									5
Stat pro	Fonct	10	30	2							1	1	44
	Vacat/ Contrac	15								3	1	2	20
	PPTE	3	3	3	20								29
	Bénévole								5				5
	Volont.				3		5	2					10
	Employé ONG					2			23				25

5. Le contenu du suivi psychosocial

5.1. Prise en charge psychosociale : Activité de témoignage

L'objectif principal de départ de l'intégration du membre associatif à l'hôpital tel qu'évoqué par le personnel traditionnel de soin est : « *En plus du counselling, le témoignage sur site pour ressourcer les personnes à qui on vient d'annoncer le statut. Cet aspect seul fait la spécificité de leur intervention. Quand quelqu'un qui a ressenti la même chose l'écoute, il change d'attitude. On s'est rendu compte que beaucoup ne le font pas, les associations viennent, portent des blouses blanches et se font appeler docteur. Le fait d'être séropositif ne donne pas les qualités de psychologue, il n'y a que cet aspect de témoignage qui fait la particularité. On a eu de la peine à faire comprendre aux gens que c'est leur statut qui les amène ici, l'aspect spécifique que les associations apportent à l'hôpital c'est ça* » (médecin coordonnateur de CTA).

Le témoignage consiste alors en un partage d'expérience vécue, ici, il s'agit de faire figure d'infecté au VIH expliquant les représentations sociales du VIH, ayant accepté sa séropositivité et surtout ayant une bonne observance thérapeutique des traitements. De plus en plus, le témoignage est peu pratiqué « *ils portent des blouses blanches et se font appeler docta* ». D'ailleurs, certains membres d'associations avancent qu'une infirmière ou un médecin infecté par le VIH travaillant dans la prise en charge de PVVIH ne va pas dévoiler sa sérologie à son patient VIH+ au cours d'une consultation. A ce titre, il est de bon ton qu'on ne leur exige pas de divulguer leur sérologie lors du conseil. Un psychologue consultant, venu évaluer la formation des CPS à l'Hôpital régional de Bafoussam, approuve cette démarche, car le témoignage in situ pour lui, tout en pensant au bien-être du patient, occulte ou affecte celui du patient expert qui à chaque fois, projette sa propre expérience avec le VIH, mettant en perspectives des étapes difficiles et pénibles vécues. Quelques responsables d'associations ont également trouvé que c'est manquer de professionnalisme que de se mettre en avant par exemple lors du counselling. Cela ne permettrait pas au patient d'aller puiser des ressources intrinsèques pour faire face à la maladie. Mais aussi, la conseillère, PVVIH, est alors obligée à chaque séance de se plonger dans des souvenirs d'une phase pénible de sa vie, ce qui est préjudiciable pour son combat personnel face à la maladie et son activité professionnelle de conseiller, Il peut ainsi perdre l'objectivité face au patient. Ces positions questionnent alors le rôle du témoignage dans le circuit thérapeutique.

« *Patient* » c'est ainsi que les CPS ou le personnel associatif intervenant dans la prise en charge tout comme les autres acteurs de soins qualifient le client VIH+ à l'hôpital. Cela nous renvoie à une image du patient qui est fonction des rôles joués. Dans une aire thérapeutique, celui qui donne des conseils, dispense les ARV, au moment où il en donne ou en dispense, bien qu'étant séropositif lui-même, n'est pas un patient. Bien qu'étant introduit dans la sphère thérapeutique du fait de son statut patient VIH+, le fait d'y jouer un rôle d'administration de conseils, d'accompagnateur et de travailler aux côtés des professionnels de soins de santé, fait de la PVVIH, personnel associatif, un expert. Son expérience du vécu du VIH lui confère une expertise à partager, d'où la place du témoignage in situ. Si par le passé cette place était des plus indispensable et incontournable, la lutte a évolué et l'exercice de l'activité de témoignage aussi. Notons cependant qu'il n'existe aucune formation autour du témoignage en dehors de celles acquises par la pratique. Une présidente d'association soulèvera les implications sociales, médicales et professionnelles du témoignage car pour elle, témoigner, c'est pouvoir assumer les conséquences d'une médiatisation de sa sérologie tant sur le plan social que thérapeutique. Pour cette présidente qui est l'une des PVVIH à avoir témoigné à visage découvert en 1998 dans des média internationaux et nationaux: « *le témoignage a des échelles, quand tu rencontres un membre d'association, c'est le témoignage, quand tu fais du counselling dans un box aux PVVIH, tu fais du témoignage, quand tu fais une IEC, c'est du témoignage et quand tu passes à l'étape supérieure, parler de sa séropositivité lors d'une campagne de sensibilisation, c'est du témoignage. Il faut avoir un certain âge. Si c'était à refaire, vu les conséquences sur ma famille, mon travail et mes amis, je réfléchirais avant ».* La GIZ a organisé au début de la mise en place des activités de témoignages, plusieurs sessions de formation à l'intention des PVVIH, avec un module sur « comment témoigner et pourquoi témoigner ». Ce module devait répondre à un usage abusif du témoignage car tout se passait comme si la seule participation des PVVIH à la lutte contre le sida se limitait au témoignage. Ce qui amenuise le champ de la participation communautaire tant prônée par l'ONUSIDA et qui remonte qu'en 1992, avec comme thème de la journée mondiale de LCS « *implication des communautés dans la lutte contre le sida* ». A la conférence de Paris en 1994, le concept GIPA (Great Involvement of People living with Aids) a été adopté et prescrivant une implication accrue des PVVIH dans la réponse à l'épidémie. Ces deux évocations historiques expliquent l'émergence et la mobilisation des associations de PVVIH dans la PEC du VIH/Sida.

Par ailleurs, apporter des ressources psychologiques aux autres PVVIH en les sortant de l'isolement, ne doit pas occulter le fait que le témoin en a besoin lui-même. Relevons pour conclure que le témoignage a été l'une des stratégies nationales de LCS déployées pour favoriser l'accès aux soins et lutter contre les discriminations et stigmatisations autour de la PVVIH. C'est à travers cette stratégie que la PVVIH est introduite dans le circuit thérapeutique hospitalier. Bien que de moins en moins exercée, l'activité reste au cœur de la PEC psychosociale de par l'effectif des associatifs dans la prise en charge psychosociale et de l'histoire même de l'implication de la PVVIH dans la LCS.

5.2. Le suivi psychosocial dans l'offre de soins de santé

Elles sont organisées suivant un planning de fonctionnement interne de chaque structure hospitalière. Après chaque séance de counselling, pré et post test, de visite à domicile, le personnel remplit une fiche de suivi psychosocial du patient. Elle est fournie par le bailleur de fonds qui a favorisé leur insertion au sein de l'hôpital, ou par le Ministère de la Santé publique pour les Agents Relais Communautaires. Qu'importe la terminologie réservée au personnel associatif, les membres d'associations décrivent la prise en charge psychosociale comme :

- recevoir le client en pré-test ;
- lui passer un entretien pour évaluer ses connaissances dans le cadre du VIH en pré-test et en post test lors du retrait des résultats. Une autre CPS précise que c'est un « *entretien qui consiste à préparer quelqu'un à faire son dépistage volontaire et à retirer les résultats tels qu'ils soient, au conseils post-test, on remet les résultats et on évalue ce qui a été dit au pré-test sur la transmission, la prévention* » ;
- orienter le patient en cas de séropositivité en lui exposant les avantages de la connaissance de la sérologie dans la prise en charge médicale ;
- faire le témoignage aux patients qui ne veulent pas s'engager en leur racontant les étapes endurées et les bienfaits de l'acceptation de la séropositivité ;
- « *continuer le suivi de sa PEC* » comme le dit une CPS, celui-ci pouvant s'effectuer sur plusieurs mois.

Cette énumération peut se résumer en : Counselling du patient (post et pré-test) ; Accompagnement psychologique au sein des structures de santé et en communautés ; Animation thérapeutique à travers des séances d'Information, Education et Communication sur le VIH/sida (en dehors de l'hôpital de District de Nylon où une Animatrice thérapeutique s'en occupe exclusivement, ce sont les conseillères psychosociales et les ARC qui en ont la charge) ;Témoignage (en dehors des ARC qui, à la faveur d'un recrutement officiel par le MINSANTE, entrent dans la prise en charge hospitalière comme agent de l'Etat, pouvant ou non appartenir à une association de lutte contre le sida : ils nous confient pour certains qu'ils ne sauraient se faire passer pour séropositifs quand ils ne le sont pas) ; Le relais entre la communauté et la structure hospitalière ainsi que le continuum des soins à domicile aux PVVIH indigents (cette dernière activité est en déclin, les ARC avouant ne plus bénéficier du kit de terrain et des indemnités de transport).

Pour exercer dans le circuit du patient, ces nouveaux acteurs sont formés sur le tas ou par des bailleurs de fonds.

Tableau 7 : Evolution des activités de PEC psychosociale dans le parcours thérapeutique

Catégories profess.	Activités avant 2010	Activités depuis janvier 2010
ARC	Permanence de 2 jours à l'hôpital et 3 jours d'activités dans les communautés Counselling, rendu des résultats, éducation thérapeutique de suivi VAD pour conseils nutritionnels et observance à domicile Assiste et participe au comité thérapeutique les jeudis Ronde dans les salles pour suivi de PVVIH en hospitalisation Présence dans les équipes médicales lors des campagnes de vaccination élargie au sein des communautés Animation thérapeutique	Très peu de VAD Accueil (délivrance des bordereaux de consultation) et orientation (ouverture des dossiers et dépôts des carnets ou dossiers dans les services référents) des patients de l'hôpital Education thérapeutique de suivi
Conseillère	Remise des résultats du dépistage Animation thérapeutique	Counselling Remise des résultats de dépistage Animation thérapeutique
Animatrice thérapeu-tique	Animation des séances d'information, éducation et communication (IEC) sur le VIH. Orientation et disposition des patients à recevoir dans la salle d'attente	Animation des séances d'information, éducation et communication (IEC) sur le VIH. Orientation et disposition des patients à recevoir dans la salle d'attente

Educatrice thérapeu-tique	*n'existait pas encore dans le circuit thérapeutique en milieu hospitalier camerounais*	mise en place d'un programme d'éducation thérapeutique aide à l'observance thérapeutique
Assistante sociale	Identification des cas d'indigence et autres cas sociaux initiation thérapeutique (dans certaines structures de prise en charge notamment à l'Hôpital de District de Nylon)	identification des cas d'indigence et autres cas sociaux

On note que l'activité des ARC s'est amenuisée dès 2010. Cette date correspond également avec la suspension des contrats de louages de services pour les ARC PPTE et incidemment le retour au bénévolat pour ceux qui sont restés en poste. Les VAD ne se font quasiment plus. Et dans la plupart des structures, les responsables, informés de la suspension des activités ont dans un premier temps rompu le circuit d'activités incluant ce personnel. Puis les ARC bénévoles se sont imposés par leur présence régulière au quotidien dans la structure de santé et leur implication dans l'orientation des patients. Le besoin d'effectif aidant, leur réinsertion s'est opérée de fait.

6. Implication des activités hospitalières des membres d'associations

6.1. Effets sur les structures de prise en charge

Le circuit part du pool d'accueil pour orientation vers les médecins consultants. Après la consultation médicale, les patients sont référés aux CPS pour un counselling pré-test. Puis le patient est dirigé vers le laboratoire pour le prélèvement. Le patient retourne auprès des CPS pour le retrait des résultats. Ce sont les CPS qui ont la responsabilité de rendre tous les résultats d'examens liés au VIH. Ensuite, le malade est référé au médecin pour la suite de la consultation, qui ordonne des examens d'orientation. Si les résultats de CD4 indiquent que le patient est éligible au traitement, son dossier thérapeutique passe au comité thérapeutique et le patient peut commencer les séances d'initiation thérapeutique auprès de CPS lors de la consultation d'aide à l'observance. Après enregistrement et initiation thérapeutique, les patients vont à la dispensation des médicaments ARV. Le rôle de l'assistance sociale dans la PEC s'est amoindri avec la gratuité des ARV, le patient éligible au traitement ne nécessite plus une enquête sociale de sa situation pour sa PEC par les ARV. Dans ce circuit une place primordiale est réservée aux aspects psychosociaux du suivi hospitalier du VIH, à la faveur de l'application des recommandations de l'OMS de prise en charge globale. Le circuit peut ainsi être schématisé (page suivante) :

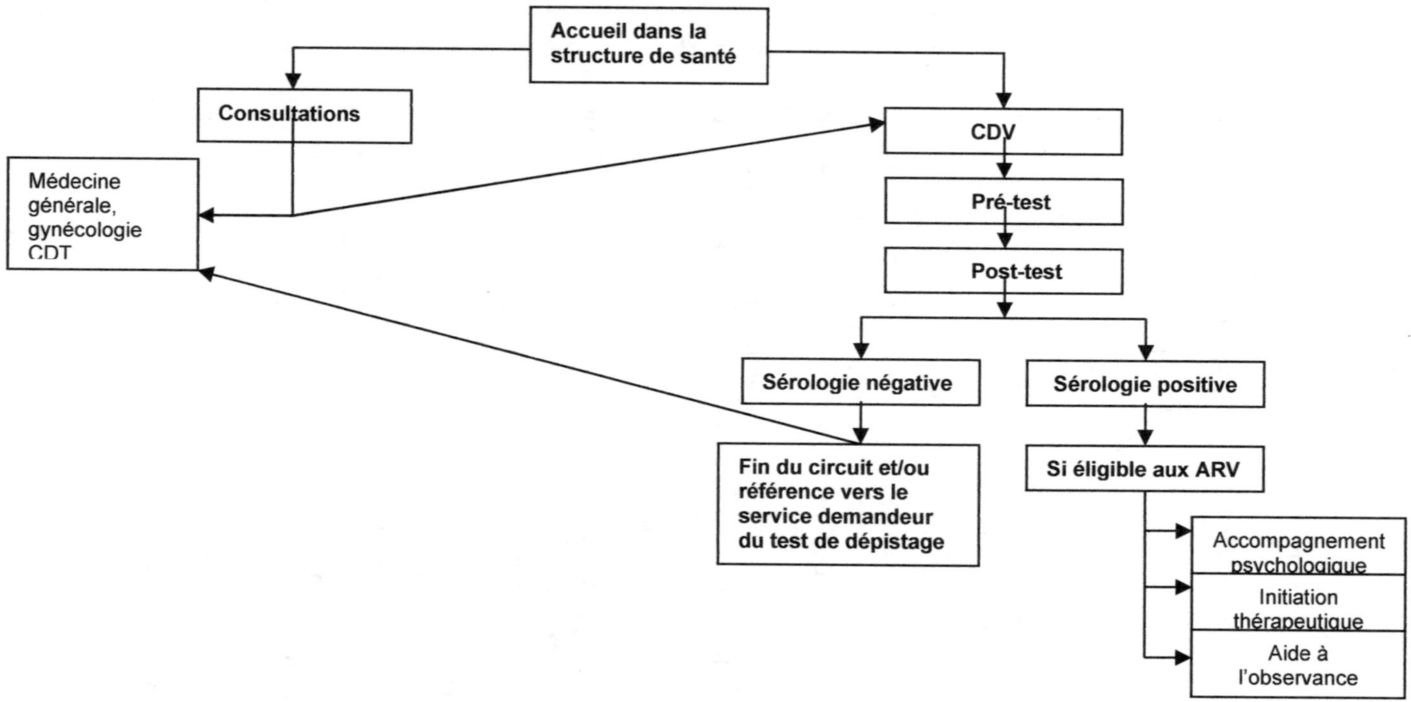

Accueil dans la structure de santé
Consultations
Médecine générale, gynécologie CDT
CDV
Pré-test
Post-test
Sérologie négative
Sérologie positive
Fin du circuit et/ou référence vers le service demandeur du test de dépistage
Si éligible aux ARV
Accompagnement psychologique
Initiation thérapeutique
Aide à l'observance

Le constat à relever est que les aspects psychosociaux constituent le plus gros du temps de consultation d'un patient VIH +. Ce qui en fait une composante importante dans le circuit thérapeutique. Cependant cette composante est portée par les associatifs et les agents d'appui à la santé sous la supervision d'un paramédical. Tout semble indiquer que c'est grâce aux associatifs que le suivi psychosocial en milieu hospitalier est opérationnel. Cela s'explique par le fait qu'ils y sont plus investis grâce aux financements des bailleurs de fonds.

La seule difficulté relevée par les CPS, c'est que le personnel de santé a toujours tendance à venir les forcer à servir le produit du patient à une tierce personne. A ce sujet, nous avons assisté à une altercation lors d'une consultation d'aide à l'observance. Les CPS rappelaient à une infirmière le circuit du patient, lui reprochant d'acheminer les ordonnances de certains patients. Bien que l'infirmière ait avoué ne pas connaître le circuit, elle a réussi quand même à se faire servir une première ordonnance et pour la seconde ordonnance qui relevait manifestement d'un cas de non-observance du traitement récidive et notoire, la CPS a été catégorique, et a exigé que le patient se présente lui-même.

6.2. Le programme ARC, stratégie d'inhibition de l'hégémonie des associations dans l'accompagnement thérapeutique

Cinq ans après l'institutionnalisation de la prise en charge hospitalière du VIH au Cameroun, laissant une place primordiale à l'accompagnement thérapeutique, l'Etat lance un concours ouvert pour le recrutement d'un personnel d'appui à la santé. La première vague d'ARC contractuels encore appelés ARC PPTE arrive ainsi dans les structures de prise en charge en 2005 puis la seconde en 2007. Lors de la mise en place du conseil comme stratégie de LCS, ce sont les assistantes sociales, psychologues et ou PVVIH qui l'ont exercé. Les recrutements de 2005 et 2007 viennent rompre avec cette tradition. Les profils des ARC PPTE sont aussi divers que ceux du personnel associatif. Ils ont comme background de base une formation en assistance sociale, en soins infirmiers, étudiants en psychologie.

Un lien avec la psychologie et le milieu hospitalier paraissent alors des critères primordiaux pour exercer le suivi psychosocial. Critères qui échoueront rapidement devant la logique de l'expérience du vécu de la maladie avec l'intégration des associations dans le suivi thérapeutique hospitalier de PEC des PVVIH.

L'arrivée de ces ARC vient susciter des conflits d'intérêts entre eux et le personnel associatif déjà en place. Les points d'achoppement portent sur les espaces de travail. Les ARC PPTE sont affectés sur l'ensemble du territoire national, où les associations exercent depuis un peu plus de cinq ans, sans, au niveau des structures de prise en charge, une reconnaissance professionnelle officielle. En communauté, le personnel associatif a plus d'audience auprès des PVVIH et personnes affectées du fait de leur proximité et de leur présence sur le terrain. Les ARC PPTE qui ont, en plus d'une légitimité institutionnelle, suivi des formations professionnelles dans des écoles légalement reconnues par l'Etat, revendiquent et exigent plus de sérieux à leur égard de la part des ARC et CPS associatifs qui sont rapidement présentés comme des PVVIH, c'est-à-dire comme des patients. Et comme dit le dicton, ne pouvant être juge et partie, les *patients* sont acceptés ici pour leur rôle de témoignage par les ARC PPTE et non pas pour leur compétence. Le recrutement des ARC PPTE a souffert cependant de l'acceptation des autres collaborateurs dans les structures de prise en charge :

« *A notre arrivée à l'UPEC, personne ne voulait nous voir, même le coordonnateur de l'époque, il nous avait dit un jour : même moi qui suis médecin, le ministère ne tient pas compte de moi et on nous fatigue avec les ARC, c'est tout doucement que les uns et les autres ont compris notre travail... Avec les associations, on se dit bonjour, ça va surtout depuis que nos activités sont suspendues. Quand nous avions reçu la lettre de suspension du ministère, la présidente a sauté de joie, ça m'a fait rire, allait-elle être recrutée à notre place ?, nous sommes des agents de l'Etat, nos activités sont suspendues pas arrêtées. D'ailleurs au journal de 17h d'hier, il y a lueur d'espoir que les choses vont être relancées* », propos d'un ARC rencontré en juin 2010 dans une structure de PEC.

Les rapports avec les CPS se sont améliorés au fil du temps. Les ARC relèvent que cela n'a pas été facile de s'imposer, « *Avant il y avait une tension entre ARC et PVVIH qui travaillent ici car on nous disait que le travail des ARC était fait pour eux et nous nous avions pris leur travail. Pourtant dans l'avis de recrutement, il n'était écrit nulle part que ce n'était que pour les PVVIH. Maintenant, il y a un climat d'entente. Les CPS nous passent souvent le patient pour entretien* » (propos d'une ARC à l'Hôpital Régional de Bafoussam).

Au troisième trimestre 2009, les activités des ARC PPTE sont suspendues suivant une lettre informative individuelle, faute de ressources financières pour le fonctionnement. Quelques mois plus tard pour une durée de 4 mois non renouvelables, les activités reprendront, cette fois sous l'égide de CARE-Cameroun, les contrats sont alors passés via des associations de LCS. Depuis juin 2011, on note une reprise timide des activités des ARC PPTE, suite à une phase de recensement dans les structures de prise en charge, du personnel ARC PPTE, qui malgré la suspension des activités est resté en poste depuis 2009.

6.3. Considérations sur le travail des associatifs

Personnel associatif

Une CPS : « *nous travaillons beaucoup, nous n'avons rien. Quand il y a partage d'argent, nous sommes mises de côté, l'argent des CD4, nous sommes là, on dit que ce sont les associatifs, nous ne recevons rien de l'hôpital* ». Cette non prise en compte est aussi relevée par une CPS d'APAS qui nous apprend que « *je suis venue ici derrière ma collègue, depuis là je pensais qu'il devait constater qu'une nouvelle personne est là. Ça m'intrigue car à des moments, je me demande ce que je fais ici, ça me menace depuis le portail, je me demande s'il m'arrive quelque chose ici, ma collègue a un badge professionnel donc quand on va faire le counselling dans les services, elle est vite reçue, si elle n'est pas là pour dire qui je suis, je ne peux pas passer* ».

Les infirmières pensent que les CPS mettent l'accent sur le témoignage, les CPS pensent quant à elles que parce que « *les infirmières ne s'intéressaient pas à l'aspect social* [dans la prise en charge de PVVIH] *les associations ont pris la place* ». Et pour le personnel associatif ayant eu dans leurs parcours une formation en soins infirmiers, le conseil psychosocial se présente comme une spécialisation des soins infirmiers. Pour ces CPS, ce qu'elles ont cessé d'exercer, c'est l'administration des soins (injection, placer une perfusion, faire des pansements), « *ce n'est pas encore officiel, mais officieusement, c'est ce que nous faisons une spécialité des soins infirmiers* » nous dira une CPS soutenue par le GIP ESTHER. Au début de l'insertion associative en milieu hospitalier, une formation en soins infirmiers du membre de l'association était déterminante pour son intervention dans une structure de prise en charge.

Activité associative en milieu hospitalier

La valorisation de l'activité menée par le personnel associatif dépend aussi de la visibilité de l'association et de ses capacités à se positionner comme professionnelle. Entre elles, les associations peuvent avoir plus ou moins de considérations, soit du fait d'une quête de positionnement soit du fait qu'elles deviennent des relais d'un lobbying de bailleurs de fonds. Certaines CPS parlent d'un manque de confiance dans leur travail de la part d'autres membres d'associations, qui se permettent d'exiger leur départ de l'hôpital parce qu'elles font partie d'un regroupement associatif qui leur a donné une formation et les a insérées à l'hôpital. Une CPS nous dira, « *on insistait sur nos rapports d'activités quand nous étions seulement deux membres de la même association à l'aide à l'observance. Les autres CPS du bureau de counselling, on ne leur a jamais demandé de lire leur rapport comme on nous l'avait exigé. Aujourd'hui, nous sommes trois ici à l'aide à l'observance, une autre CPS et nous, on ne nous demande plus les rapports* ». Du fait de la pression menée par les collaborateurs associatifs en quête de plus d'espace et d'effectif de leurs associations au sein de la structure de santé, et surtout du fait que le bailleurs a associé à ces membres d'association le personnel de santé de ladite structure lors des séances de formation, les CPS formées auraient estimé que leurs collaboratrices associatives n'ayant pas participé à cette formation manquaient de professionnalisme et faisaient des rapports dégradants de leur activité dans la pec. Cela a suscité la mise sur pied d'un contrôle du travail fait par ces autres membres associatifs. La formation reçue est ainsi perçue comme une garantie de la qualité du travail à fournir. Mais au lieu d'assister à une restitution de cette formation aux autres collaborateurs, on s'inscrit dans les structures à une logique de contrôle. Les propos de la CPS montrent que ce n'est pas pour une formation continue qu'on leur a associées une autre CPS, mais pour les superviser : sa seule présence dans l'équipe de consultation d'aide à l'observance semble être déterminante pour la qualité du travail à fournir.

Le soutien d'une association par un bailleur de fonds permet de témoigner de ses capacités professionnelles ou de son expertise dans la lutte. Une CPS dira que : « *au départ, pas facile, car le personnel ne savait pas ce qu'on pouvait et savait faire. Avec la formation d'ESTHER, l'ancien coordonnateur y a assisté* ». La participation au processus de formation aurait apporté plus de lumière au travail de CPS et cette visibilité pour le personnel de santé permet de faciliter les rapports de travail entre professionnel de la santé et personnel non soignant.

Les CPS[7] remarquent qu'elles ont de très bonnes relations avec l'ensemble du personnel. Au début, ça été difficile avec les ARC, mais elles estiment que tout va bien aujourd'hui, le travail se fait dans un climat de collaboration sereine. Les autres acteurs de la prise en charge psychosociale, psychologue et assistante sociale décrivent le travail du personnel associatif comme une stratégie de recrutement de membres d'association : « *Ce qui est important pour elles, c'est de montrer au malade que la vie associative est un atout, quels sont les avantages de la vie associative avec une ouverture professionnelle... si je leur renvoie des malades, c'est pour leur insertion dans les associations* » déclare une assistante sociale. Les relations de travail sont donc cordiales quand les frontières sont clairement

[7] Rappelons que toutes les CPS sont membres d'associations.

établies : l'association (pour la vie associative du patient), l'assistance sociale et le psychologue (pour le soutien social et psychologique). Dans certaines structures de santé, assistante sociale et CPS connaissent des tensions sourdes. L'assistante sociale ou le psychologue a droit à un espace de travail plus convenable que celui de la CPS. Ajouté au fait qu'il n'y a généralement qu'une seule assistante ou un seul psychologue, le bureau n'est pas partagé tandis que les CPS, nombreuses, se partagent elles un box ou un fonds de couloir aménagé en espace de travail.

6.3. Sur les associations elles-mêmes

Le fonctionnement des associations

En dehors de CEEPSYPEC (Centre de psychologie et de prise en charge) et d'Acas, c'est à partir de leurs histoires de vie personnelles sur le VIH que les présidents d'associations ont mis sur pieds les associations qu'ils dirigent depuis leur création. C'est généralement du fait de la découverte de sa propre sérologie et ou de l'élan de cœur envers ceux qui traversent les moments difficiles qu'est née la fibre associative. C'est ainsi que les associations partent d'un regroupement de personnes infectées et affectées qui décident de se serrer les coudes pour affronter la maladie. D'autres associations sont nées du démembrement d'une autre association, SUNAIDS est généralement l'association de laquelle sont issus grand nombre de présidents d'associations du Littoral (la présidente de New way + vient d'APAS dont la présidente s'est détachée de SUNAIDS). AFSU dans le Centre (c'est d'AFSU qu'est partie la présidente d'AFASO, AFSUPES de Douala était une branche d'AFSU)

Les associations de LCS sont régies par la loi sur la liberté associative de 1990. Statuts et règlement intérieur organisent la vie associative. Toutes les associations rencontrées sont légalisées et ont connu une reconnaissance du MINSANTE à travers le GTR. Sous l'impulsion d'ONG et de bailleurs de fonds, on assiste aujourd'hui à un regroupement en réseau d'associations. On parle alors du collectif ESTHER plus présent dans les structures de santé, du RECAP +…

Les figures des associations

Toutes les associations rencontrées ont commencé leurs activités de regroupement de membres à partir d'un hôpital. Pour certaines d'entre elles leurs premières Assises y ont eu lieu (DAUPHIN[8], Acas). Nous relevons ici, trois catégories d'association :

L'association primaire, dont l'objectif de base demeure de regrouper les personnes infectées et affectées par le VIH/sida et leur offrir un espace d'écoute, de soutien et d'échange. Elle est rencontrée en zone rurale et n'a pas accès à l'information sur les projets, elle bénéficie peu de financements de bailleurs de fonds. Celle-ci n'a de visibilité que dans le champ hospitalier de la région et vit essentiellement des cotisations et de l'impulsion des membres (le Roseau, Main dans la main, le DAUPHIN, Etoîle Mangwa, Kasafro).

L'association professionnelle qui, au-delà du simple regroupement, professionnalise ses activités. Elle a un personnel rémunéré d'une part et des membres d'autre part. Avec l'association professionnelle, la fibre associative est distincte de la fibre professionnelle. Les ressources professionnelles peuvent être puisées en interne, c'est-à-dire au sein des membres comme en externe et travailler pour l'association ne fait pas du professionnel un membre d'association. Il est important de relever que la confusion vite faite entre le professionnel en milieu associatif et le membre d'association. Elle est observée en milieu urbain et subit une rude concurrence des autres associations. Les luttes de visibilité et de conquête de l'espace dans le milieu hospitalier sont notoires. Les ARC et CPS deviennent le porte-étendard des

[8] A la fin du terrain, l'association tenait déjà ses assises au domicile d'un membre en projetant de se louer un local

activités de l'association. Elles portent le nom de l'association et la représentent en milieu hospitalier[9].

Enfin, *l'association fédérale*, qui a une main mise et contrôle la mise en place et le déroulement des activités d'autres associations, chaque association étant autonome et adoptant librement ses statuts et règlements. Cela peut se faire à travers un réseautage ou une confédération des associations. C'est le cas de COLIBRI qui est l'association-mère d'une dizaine d'associations dans la région de l'Ouest (Main dans la main à Koutaba, le DAUPHIN à Foumban, Etoîle Mangwa à Mbouda...). Par son biais, elle accorde des financements à ces associations et les aide à se structurer (dans le cadre d'un projet structurant, COLIBRI soutient les OEV des différentes associations sous sa coupe). Dans le cadre du réseautage des associations par le GIP ESTHER et à travers son programme national d'accompagnement thérapeutique autour du conseil et de la médiation, COLIBRI est l'association coordinatrice de la plate-forme associative de l'Ouest et AFSUPES celle de la région du Littoral. Dans la région du Centre, on parle du CALCE - le Collectif associatif de LCS dans la région du Centre représenté à l'Hôpital Central de Yaoundé par une CPS issue de KidAids.

6.4. Impact de l'activité hospitalière de l'association sur le recrutement et l'engagement des membres d'association

Incidences de ces activités sur l'association

Les activités hospitalières des CPS les occupent tous les jours ouvrables et très souvent même aux heures de réunions au sein de leurs associations respectives. Les CPS disent ne plus assister régulièrement aux réunions. Pour celles faisant parties du collectif, elles estiment avoir répondu à un appel d'offre d'emploi d'ESTHER. C'est dans ce cadre qu'ESTHER les

[9] Des CPS membres du collectif ESTHER, nous rappelaient que si nous voulons les voir au titre de l'association, il fallait les retrouver au siège et qu'elles étaient en milieu hospitalier via un recrutement d'ESTHER qui les a affectées. Elles sont impliquées dans la PEC psychosociale non plus au nom de leurs associations, mais pour le collectif.

emploie comme CPS. Du fait, elles ne dépendent plus hiérarchiquement de leurs associations, mais d'ESTHER. D'ailleurs, nos premiers contacts étaient confus car étant informées des noms d'associations actives, les CPS ne cessaient de nous dirent « *nous sommes du collectif, si vous êtes là pour l'association, prenons rendez-vous et rencontrons-nous au sein de l'association* ». Les critères de sélection ont été édictés par ESTHER. Pour être CPS de la plate-forme-ESTHER, il faut appartenir à une association de LCS, « *avoir au minimum le BEPC, une connaissance de base sur le VIH, puis on passe une évaluation écrite en deux temps, connaissance générale sur le VIH et une contraction de texte. Un entretien en troisième lieu avec le psychologue. Puis on a choisi ceux qui devaient suivre la formation en temps. Une semaine de formation suivie d'une période de stage d'un mois sanctionnée par un rapport de stage. Puis une deuxième session de formation. La formation a duré 6 mois. A la troisième session, évaluation finale écrite* ».

La sélectivité dans la procédure de recrutement et la formation ponctuée par des stages donnent l'image d'une formation professionnelle de qualité et redore le blason de l'association dont les membres ont été sélectionnés. Seulement, les membres sélectionnés font très peu de feedback de leurs expériences en milieu hospitalier et se focalisent aujourd'hui sur une revendication professionnelle. Elles n'assistent déjà plus aux réunions de leurs associations faute de temps, mais aussi pour éviter un climat d'animosité[10] et un système de dîme instauré pour assurer le fonctionnement des associations par les associations : chaque membre inséré doit reverser 10 à 20 % de ses gains à l'association pour la vie associative.

Engagement des membres

L'implication des membres dans une association est toujours suscitée par un intérêt personnel. Les enquêtés membres d'associations se sont vu naître une fibre associative pour trois raisons principales : la quête d'un espace d'échange, d'écoute et

---

[10] Des jalousies naissent et le membre recruté se sent moralement redevable de son succès.

de soutien entre PVVIH ; le besoin de s'informer sur la maladie et d'apporter son soutien aux autres et enfin le désir de refaire sa vie, de trouver une âme sœur. Avec le déploiement des associations dans les structures hospitalières, les présidents d'associations trouvent que, quand les PVVIH viennent en association, ils croient trouver le travail car les membres d'associations sont « *des gens qui ne travaillent pas et ne font pratiquement rien et quand on leur dit allez dans telle association. Quand vous avez 60 membres ainsi autour d'un projet, que faire ? Parfois vous essayez de rechercher les compétences et ça pose un problème car les membres disent qu'ils sont membres et c'est eux qui doivent être dans un projet en association. Ça crée de petits problèmes et frustrations car les gens se disent que la présidente travaille toujours avec telles* [personnes] *seulement* ».

Cet état d'esprit se manifeste aussi lorsque l'association doit organiser des actions dans la communauté, « *dans le programme national de soutien aux OEVs, d'autres veulent qu'on prenne leurs enfants alors qu'on nous limite le champ d'action dans le projet à Douala VIème. Et beaucoup de membre vivent hors de Douala VIème* ». Ces incompréhensions et incompatibilités entre les intérêts des membres et les exigences des projets aboutissent à des tensions au seins des associations et très souvent au départ des membres, « *c'est ça qui crée toujours un problème car le membre vient seul et en partant, il entraîne les autres avec lui, il intoxique les autres* » (Présidente d'Espoir + à Douala).

Une CPS d'APICAM relève que la vie associative s'effrite parce que « *les PVVIH ont une certaine mentalité, chacun vient seulement pour qu'on lui trouve du travail alors que c'est pour l'échange, le renforcement des capacités en matière VIH, plus de connaissances* ». Les membres exigent ainsi plus de professionnalisme à l'association qui aujourd'hui dans la lutte contre le VIH doit dépasser le simple objectif de regrouper des personnes infectées et affectées autour de l'écoute et de la solidarité. L'association de LCS s'apparente alors à un courtier d'emploi. Du fait de la rareté de financement des activités associatives de nos jours par des bailleurs de fonds externes, on note un désintérêt qui se manifeste par la baisse drastique des effectifs et des champs d'action des associations. APICAM et COLIBRI par exemple ont vu le nombre des membres réduit de moitié. Le roseau a connu une véritable perte de vitesse et a dû être « reboosté » par le coordonnateur de l'UPEC. Les activités se sont amenuisées et se résument maintenant au counselling en milieu hospitalier à travers les CPS et les VAD. Les activités de sensibilisation, le soutien nutritionnel et thérapeutique ont quasiment disparu.

Les CPS qui ne sont pas sous contrat ESTHER notent que, depuis qu'il n'y a plus de financement de leurs activités de CPS (leurs contrats de travail étant expirés depuis 2006), elles ne connaissent plus de main mise de l'association sur leur présence en milieu hospitalier : elles ne sont plus chapeautées par l'association durant leur présence en milieu hospitalier (c'est le collectif qui prend le relais sous l'égide d'ESTHER).

7. Les rapports entre structures de prise en charge et associations

L'insertion en milieu hospitalier des associations de LCS ne s'est pas toujours opérée sans heurts, tant bien même ce sont les structures de prise en charge qui ont impulsé le regroupement associatif. La collaboration entre nombre d'associations et les structures de prise en charge sont toujours en cours de formalisation. C'est le cas de Kasafro à l'UPEC de Njombé, de SUNAIDS, CEEPSYPEC, APAS intervenant à l'HLD. Un grand nombre intervient dans l'accompagnement thérapeutique sous couvert d'une plate-forme associative. C'est COLIBRI ou AFSUPES qui, via le GIP ESTHER, obtient des conventions avec les structures de prise en charge et décident de l'affectation des CPS dans les structures de prise en charge. Très souvent, cette répartition est contestée par les responsables de services de PEC du VIH. Les raisons avancées portent sur le fait que ce nouveau personnel, pris en charge, intègre une structure où il existe déjà un personnel associatif exerçant les mêmes fonctions à titre bénévole et réclamant une reconnaissance professionnelle. Les critères de sélection de la plate-forme ne prennent pas en compte l'expérience professionnelle dans la structure d'affectation de la CPS. Ainsi, on voit déployées dans une structure de prise en charge où il existe des effectifs importants dans la prise en charge psychosociale comme à l'Hôpital Central de Yaoundé, l'Hôpital Laquintinie de Douala, des CPS indemnisées et soutenues par le GIP ESTHER. La différence de traitement des CPS au sein d'une même structure alourdit le climat de travail. En fait parce que portée chacune par un projet, au sein d'une même équipe de counselling, certaines CPS ont des indemnités et d'autres pas : « S*i nous nous retrouvons à l'hôpital, c'est pour la même cause, mais il y a des frustrations si tu es dans un projet qui continue et la collègue dans un projet qui est fini. Par exemple là, c'est midi, les gens prennent la pause et vont manger. Ta collègue qui n'a rien ne peut pas te suivre et toi tu ne peux pas lui donner tous les jours, que c'est devenu quoi, est-ce que toi-même ça te laisse* ».

Ainsi, les liens sont généralement soudés entre les membres d'une association soutenus par le même bailleur (elles ont l'occasion en dehors du cadre formel de se rencontrer et de prolonger des discussions). « *Les CPS fonctionnent sur CDD perpétuels* ». Cela crée une insécurité psychologique et une précarité professionnelle, car à la fin d'un projet, s'il n'y a pas de relais, les CPS font, pour celles qui le peuvent encore, du bénévolat en espérant que l'association trouve un autre bailleur de fonds pour le soutien financier de leurs activités.

Les ONG internationales influencent les rapports entre les structures de prise en charge et les associations. Très souvent une CPS formée par ESTHER est adjointe à une équipe constituée des membres d'une autre association ou encore, par exemple, la coordonnatrice du CDV exige qu'un conseil psychosocial soit dispensé par une conseillère d'ESTHER ou l'éducatrice thérapeutique de MSF. Ce qui frustre les membres d'associations n'ayant pas bénéficié de la formation au conseil psychosocial faite par ESTHER pendant 21 jours, étalés sur six mois, aux membres d'associations retenus dans le cadre de son projet sur la professionnalisation des associations. Formation qui pousse les CPS soutenues par ESTHER à revendiquer une posture supérieure aux autres CPS comme entendu dans les propos suivants de l'une d'entre elles à l'Hôpital de District de Nylon : « *il y a CPS et CPS, nous avons reçu une solide formation, on nous a remis des parchemins à la fin, d'ailleurs sur le terrain, cela se ressent*». Hypothèse que nous n'avons pas eu l'occasion de vérifier du fait du caractère confidentiel des séances de counselling.

7.1. *Associatisation* de la prise en charge psychosociale

Sur 76 personnels non soignants rencontrés, on en dénombre une cinquantaine intervenant en tant que membres d'association ou d'ONG de lutte contre le sida. Le suivi psychosocial semble être le domaine d'actions de la société civile. Les associations se font de plus en plus présentes dans le circuit du patient à travers leurs membres (50 sont présents dans 8 hôpitaux). Ce point de vue est renforcé par le fait qu'en 2009, suite à une suspension des activités des ARC par le MINSANTE, ce personnel avait été redéployé par CARE dans le cadre de la reprise des activités d'accompagnement des PVVIH recommandée par l'ONUSIDA. Depuis 2008, ESTHER a mis sur pied trois plate-forme associatives dans les villes de Douala (Littoral), Yaoundé (Centre) et Bafoussam (Ouest) en vue d'assurer une professionnalisation des activités de PEC psychosociale. En 2010, cet organisme a déployé 34 CPS dans les structures de santé des trois régions suscitées après leur avoir administré trois sessions de formation sur l'accompagnement psychosocial.

Notons qu'aucune association n'a encore proposé un personnel soignant à une structure de santé, pourtant, à l'HLD par exemple, un médecin consulte en moyenne 35 patients par jour. Ce qui constitue une lourde charge de travail surtout lorsqu'on sait que le patient a besoin d'un moment d'intimité avec son médecin traitant. Même les membres de la SWAA qui exercent comme médecin à l'HLD, n'y interviennent pas comme membre d'association mais comme personnel vacataire à partir d'un contrat intuitu personae reposant sur des compétences médicales uniquement. Cela s'explique aussi par le fait que nombre de membres d'associations sont de classe sociale moyenne et pour la plupart ont un parcours scolaire limité (moins de cinq membres d'associations ont un niveau académique, voir le Tableau sur les profils du personnel associatif).

7.2. Collaboration/lutte autour de la prise en charge psychosociale

C'est autour des réseaux d'associations qu'émerge une plate-forme de collaboration inter associative. On note le travail d'ESTHER autour de son programme CPS depuis 2004 dont la phase pilote couvrait les régions du Littoral et du Centre. Aujourd'hui, cette plate-forme s'étend sur tout le pays et rassemble au niveau de chaque région des associations de LCS membres autour d'un projet commun sur la prise en charge psychosociale.

Les rapports interassociations sont aussi d'ordre conflictuels et inhibent toute forme de collaboration, d'où la multiplicité d'associations dont les objectifs et les activités sont très souvent similaires ; la liberté d'association semble alors donner le droit à l'autodétermination.

La présidente d'Espoir +, par exemple, a commencé comme CPS de la SWAA à l'Hôpital Laquintinie de Douala en 1999 après la découverte de sa sérologie. Elle y a exercé pendant 6 ans. « *Etant à l'Hôpital Laquintinie, je recevais de malades qui avaient beaucoup de problèmes, c'est même ça qui m'a amenée à créer l'association* » nous apprend-elle. Le conflit d'intérêt est survenu quand la SWAA s'est rendue compte qu'une de ses CPS avait crée une association, craignant un risque de détournement des patients et estimant que c'était une association incorporée dans une autre, la SWAA a essayé de ramener à l'ordre sa CPS qui a préféré quitter son travail pour se consacrer aux activités associatives. Elle note qu'elle était employée à la SWAA, pas membre d'association : travailler pour la SWAA n'a pas fait d'elle un membre de cette association

7.3. Effets de l'intégration sur les membres d'associations

Les trois quart des membres d'associations ont été référés aux associations depuis une structure de prise en charge hospitalière du VIH. Ce regroupement associatif leur a permis de mieux s'informer et de partager les expériences de vie avec le VIH avec des pairs. L'intégration en association, au-delà de son but premier de soutien moral, modifie aussi les comportements sociaux des membres et de l'entourage. Les regards de l'entourage changent car le militantisme associatif est porteur d'un travail d'un revenu, « *ma famille est plutôt contente que je sois dans une association, car maintenant je fais quelque chose, je sors maintenant tous les matins, même si le salaire ne suit pas toujours. Mais je ne dis pas pourquoi je suis dans l'association* ». Les CPS pensent d'ailleurs que leur activité hospitalière « *permet socialement de taire la stigmatisation du VIH* » (une ARC à l'Hôpital Central de Yaoundé). « *Les gens sont surpris que j'ai pu partir de la vente de beignets pour l'hôpital* » expliquera une ARC sur l'exclamation de son entourage. La resocialisation opérée par l'association permet aux membres de passer du statut de dépendant à celui de pourvoyeur de ressources pour la famille : « *Si je réussis, j'aide ma famille car nous sommes très pauvres, si j'ai quelque chose comme j'ai travaillé avec CARE, on donnait le riz, parfois quand Mme X me donnait un sac de riz, je partage, je donne aussi à ma grande sœur. Mon enfant est chez ma nièce, je lui donne aussi* », confie une CPS.

8. Conclusion

La présence associative en milieu hospitalier camerounais a précédé l'institutionnalisation de la prise en charge hospitalière (présence de la SWAA dans les deux grands centres de prise en charge du Centre et du Littoral avant les années 2000). Cette présence a connu un boom avec la décentralisation de l'accès aux soins, essentiellement marquée par la création des CTA au niveau régional et des UPEC au niveau des districts et aires de santé. De quatre associations en 2000 dans les structures de santé, on en dénombre environ une centaine aujourd'hui. Cette florescence s'est particulièrement déployée autour du suivi psychosocial, à travers des activités de counselling (de dépistage et de suivi), d'animation et éducation thérapeutique, d'IEC, d'aide à l'observance, d'accompagnement, de soutien et de soins à domicile. Ces activités, tout comme la terminologie associée aux acteurs en charge, sont restées très fortement liées au financement des bailleurs de fonds. Si les activités de counselling voire d'aide à l'observance résistent à la raréfaction des financements, les visites et soins à domicile en ont pâti bien que leurs acteurs restent présents.

Deux grands acteurs du psychosocial exercent en milieu hospitalier, d'une part des CPS, essentiellement portés par des ONG et leurs associations et, d'autre part, les ARC, associatifs parfois, et surtout issus du programme camerounais de réduction de la pauvreté. L'investissement associatif du champ psychosocial depuis plus d'une décennie pose aujourd'hui la question à la fois de la mise en place d'un métier ou d'une profession chez ces nouveaux acteurs de soins et donc celle de leurs statuts professionnels.

Chapitre 4

Restitutions

Laurent VIDAL

Parmi les objectifs de notre travail figuraient une série de restitutions de ses résultats se voulant les plus formatives et informatives que possible, en évitant autant que faire se peut le simple rendu des résultats de la recherche. Dans cette optique nous avons procédé à une restitution par région, impliquant trois séries d'acteurs : les représentants de la lutte contre le sida, les membres d'associations et les professionnels de santé. Si les professionnels de santé conviés à la restitution sont ceux des structures où se sont déroulées les enquêtes (3 par région, donc), n'ont pas été invitées uniquement les associations qui ont été l'objet de l'enquête (3 par région).

Ces restitutions se sont déroulées respectivement à Bafoussam (pour la région de l'Ouest : le 9 octobre 2013), Douala (pour la région du Littoral : le 20 novembre 2013) et Yaoundé (pour la Région du Centre, le 18 décembre 2013). Elles étaient structurées de la façon suivante :

- Une introduction par un ou des représentants du ministère de la Santé publique (soit de la Délégation régionale de la santé soit du Groupe technique régional du Comité national de lutte contre le sida – GTR/CNLS) puis L. Vidal présente les objectifs de la restitution et le projet dans son ensemble ;
- La présentation du volet « Institutionnel » (par l'un des deux membres de l'équipe l'ayant réalisé) ;
- La présentation du volet « associations » (par l'un des deux membres de l'équipe l'ayant réalisé) ;
- La présentation du volet « Structures de prise en charge » (par l'un des deux membres de l'équipe l'ayant réalisé).

Entre 20 et 30 personnes ont participé à chacune de ces restitutions.

Après chaque intervention les discussions s'engageaient. La rencontre durait environ 5 heures et se clôturait par un repas.

Nous insistions dès le début sur la dimension « interactive » de chacune des restitutions qui se voulaient des moments de dialogue. Ceux-ci se sont avérés particulièrement riches car, au-delà de la réaction habituelle au rendu de résultats d'une étude (pour les confirmer, nuancer voire infirmer), il y avait un élément spécifique à ce projet de recherche, à savoir que ces restitutions sont intervenues pratiquement deux ans après la fin de l'étude, et que le contexte de fonctionnement des associations a, dans certains domaines, évolué.

La présentation de chacun des volets comprenaient, en conclusion, des propositions/recommandations. En voici les principales qui sont d'ordre aussi bien « pratique » et relativement concret, que programmatique et plus général :

Volet « Institutionnel » :

- Améliorer la transparence dans le processus d'attribution des subventions à la société civile ;
- Mettre en place un cadre de dialogue et de concertation permanent entre les institutions et la société civile ;
- Clarifier le discours sur la professionnalisation des associations ;
- Précision sur la place et rôle des ONG internationales vis-à-vis des associations à base communautaire.

Volet « Associations » :

- Clarifier au sein des associations le projet associatif et les activités effectivement menées : par exemple leur rôle dans l'émancipation et l'épanouissement des PVVIH ;
- Aller vers une gestion participative et transparente des fonds ;
- Définir un code de déontologie pour les membres des associations ;
- Décloisonner les associations, en construisant des alliances avec d'autres types d'acteurs de la société civile.

Volet « Structures de prise en charge » :

- Formaliser le cadre de collaboration entre les structures de prise en charge, les institutions et les associations ;
- Définir des frontières entre activité associative et activité hospitalière tout en favorisant l'insertion des associatifs dans les équipes soignantes.

Sur la base donc des résultats de nos enquêtes (cf chapitres 1 à 3) et de ces propositions conclusives, le débat s'est engagé avec l'assistance. Voici les principaux constats portés par les participants aux restitutions :

Des difficultés accrues

D'une façon générale, les militants associatifs tendent à décrire une situation aggravée au regard de ce que nous avons constaté. AFASO remarque, par exemple, que les ARC ne sont plus payés. Les associations sont en effet fortement financées de l'extérieur et pâtissent donc mécaniquement de la baisse des financements des associations ou structures du Nord. Nombre d'associations ferment, interrompent leurs activités. D'autres constatent une forte démobilisation de leurs membres, et les réunions hebdomadaires deviennent mensuelles.

Même si cela n'a pas de lien direct avec le problème des financements, au plan individuel des membres d'association ressentent difficilement certaines évolutions : ainsi, les plus anciens, habituellement très sollicités pour des témoignages, sont « *délaissés* » au profit de « *nouveaux visages* » que les personnes désireuses d'avoir des témoignages « *vont chercher en brousse* ».

Enfin des difficultés relativement « classiques » peuvent se trouver exacerbées dans le contexte actuel de relative pénurie des financements : la mise en place d'un projet pose la question du choix des personnes qui pourront être salariées sur son budget ; l'émergence d'une forte personnalité perturbe le fonctionnement de l'association et débouche sur son départ de celle-ci en vue de créer une autre association.

Des relations tendues avec certains bailleurs

Les relations actuelles entre associations et bailleurs ont été l'occasion des propos les plus forts, les plus critiques, des premières à l'adresse des seconds : des mots comme « esclavage », « cobaye » ont été prononcés voulant traduire le fait que les associations se sentent instrumentalisées et infantilisées par certains bailleurs. Ceux-ci financent un projet mais ne laissent pas l'association gérer son budget ; voire même, ils ont une gestion opaque de celui-ci. La question de la sous-traitance d'activités d'associations internationales ou de bailleurs multilatéraux, vers des associations locales est là encore dénoncée. Ces ressentiments, formulés avec force, n'excluent pas l'idée qu'il serait pertinent de créer un cadre de concertation entre associations et acteurs institutionnels, même si sa mise en place ne se fera pas sans difficultés dans un contexte de sous ou non financement des associations.

Quel projet pour les associations ?

Un des points remarquables, de notre point de vue, de ces restitutions a été l'équilibre entre le discours de la « plainte » (cf supra) et celui de l'auto-analyse et des propositions.

Dans ce dernier registre la question a été posée par un leader associatif : « *il faut se regarder, sommes nous bien structurés ? Il ne faut pas uniquement accuser les autres* » et, donc ne pas uniquement compter sur les bailleurs pour s'améliorer. De même, les associations qui ne font que du témoignage doivent s'interroger sur leur activité et aller vers une plus grande diversification de celles-ci. Est regrettée aussi l'existence de trois réseaux d'associations de lutte contre le VIH alors qu'un seul suffirait, ceci traduisant l'éclatement, les divergences au sein du monde associatif. Plus fondamentalement quel est l'objectif d'une association aujourd'hui : monter un projet à financer ? Résoudre des problèmes concrets que rencontrent les PVVIH ? En liaison avec ce constat et dans l'optique d'avoir une vision juste de ce que sont les associations de lutte contre le sida, la proposition a été avancée d'avoir une cartographie des bailleurs finançant des associations et, surtout, pour quelles activités.

Conclusion

Enseignements pour les Associations de lutte contre le sida

Laurent VIDAL

Les conclusions des trois grands axes de réflexion développés dans cet ouvrage nous ont permis d'avoir une vision des enjeux – avancées comme difficultés – de la place des associations dans le dispositif de lutte contre le sida au Cameroun. Ceci étant, comprendre comment les associations interagissent avec les « décideurs » nationaux comme internationaux, d'une part, avec les professionnels de santé dans les structures de prise en charge du VIH, d'autre part, ne permettrait pas de comprendre quelles recompositions se jouent dans les pratiques associatives si l'analyse ne portait pas, aussi, sur le fonctionnement des associations elles-mêmes. C'est donc cette logique qui a présidé à l'organisation de cet ouvrage en trois points et autant, donc, de chapitres.

Nous souhaiterions, pour conclure, nous arrêter sur cinq points qui renvoient à la fois à des constats « de recherche » et aussi à des formes de suggestions, de recommandations qui sont au cœur des restitutions de ce projet.

Le premier est celui d'une nécessaire *clarification du discours sur la professionnalisation des associations*. Les « institutionnels » comme les professionnels de santé regrettent fréquemment le manque de professionnalisation des associations, en matière de recherche de financement, de gestions de ceux-ci et de construction d'une stratégie d'action. S'il ne s'agit pas de dire que ce discours est erroné, il convient ne pas en rester à une posture incantatoire : il faut réfléchir aux conditions pour aider les associations à se réformer, sans que cette aide ne soit perçue comme une main mise sur leur fonctionnement.

Le second point est lié à cette volonté d'autonomie des associations, souvent contrariée par la « réalité » (les bailleurs veulent garder un droit de regard sur les actions qu'ils financent) : il concerne la *place et rôle des ONG internationales vis-à-vis des associations à base communautaire*. Ces dernières se trouvent souvent en position d'être des sous-traitants d'ONG internationales, ce qui est un motif de dépit et de frustration alors que nombre d'entre elles estiment avoir les capacités pour porter elles-mêmes des actions et donc mériter la confiance des bailleurs internationaux.

Le troisième point sur lequel nous voudrions attirer l'attention et qui devra être observé de près dans l'avenir est celui sur le rôle des associations dans l' « émancipation » et l' « épanouissement » des PVVIH. Cette fonction ancienne des associations tend à évoluer, sous l'effet d'un double mouvement, divergent : d'une part, la raréfaction des ressources chez de nombreuses associations qui rend incertain l'objectif d'adhésion à celles-ci pour y trouver un soutien matériel et, d'autre part, l'implication des associations dans des activités au sein de structures de santé qui, elle, au contraire du premier mouvement, crée des opportunités. Toujours-il que, là aussi, il convient de dépasser l'idée reçue de l'association comme lieu de « réalisation individuelle » des PVIIH : ce n'est pas ou plus toujours le cas, et cela prend de nouvelles formes, à décrypter.

Le quatrième point important à retenir, et qui renvoie à ce second mouvement, est la question de la *formalisation du cadre de collaboration entre les structures de prise en charge et les associations* : face à la diversité des intervenants dans les structures et, surtout, devant la nécessité pour les membres d'associations de voir leur travail reconnu, il est indispensable que le collectif associatif lui-même voit sa participation, via des individus, encadrée et donc reconnue.
Enfin, cinquième et dernier point, la multiplication d'associations « dédiées » au sida – aux formats et *objectifs* variés – ne traduit pas nécessairement une ouverture de la problématique associative « sida » vers d'autres questions – de développement ou de santé. Celle-ci n'est possible que s'il y a *un encouragement au décloisonnement des associations de lutte contre le sida, en construisant des alliances avec d'autres types d'acteurs de la société civile*. Là encore, l'objectif ne doit pas uniquement être proclamé : les structures qui soit financent les associations de la lutte contre le sida, soit collaborent avec elles doivent inciter leurs interlocuteurs associatifs à échanger

(des « bonnes pratiques » ?) avec des associations intervenant sur les questions d'environnement, de droits de l'homme, d'aide à l'enfance…

Alors, l'objectif d'une société civile mobilisée contre le sida et reconnue pour sa capacité à défendre les intérêts des malades ou à promouvoir la prévention du sida, trouvera de nouveaux ressorts en regardant comment fonctionnent d'autres associations : ce faisant la « grande » idée d'une lutte contre le sida décloisonnée, et intégrée (dans les questions de développement, par exemple) trouvera, ici, une juste illustration.

Repères bibliographiques

Nous mentionnons ici un ensemble de travaux (y compris des communications à des congrès) portant sur et/ou menés par les associations de lutte contre le sida au Cameroun.

Barry, T. M. (1998). Family planning associations (FPAs) respond to the HIV AIDS epidemic. *Afr Link*: 8-9.

Betima, J., R. Mimbiang, et al. (1995). Creation d'une association des personnes infectees par le /SIDA pour leur autoprise en charge. IX ICASA, Kampala, Uganda.

Defo, H., T. Bankwe. (2007). Impact de l'orientation des personnes vivant avec le VIH/SIDA vers les associations des PVVIH: expériences du centre de traitement agréé (CTA) de l'Hôpital Jamot de Yaoundé. 4e Conférence Francophone VIH/SIDA, Paris, France.

Dissi, A., G. B. Tengpe, J. Dawa. (2010). Développement d'une boite à image d'un guide pratique pour l'éducation thérapeutique du patient: expérience de l'association 3sh à Douala, Cameroun. 5e Conférence Francophone VIH/SIDA, Casablanca, Maroc.

Djueche, S. L. (1999). Vivre avec le VIH et devenir auteur et acteur. Fourth International Conference on Home and Community CARE for persons living with HIV/AIDS, Paris, France.

Eboko F., (2005) Patterns of mobilization : political culture in the fight against AIDS, In Patterson A. (ed) The arican state and the AIDS crisis, Ashgate, Aldershot, pp. 37-58.

Eboko, F., F. Chabrol. (2005). Réappropriation du paradigme de la sécurité face au SIDA en Afrique : diffusions, confusions, inversions. In Etats, ONG et production des normes sécuritaires dans les pays du sud, edited by N. B.-P. B. HOURS. Paris: L'Harmattan, coll.

Eboko, F., Y.-P. Mandjem. (2010). ONG et associations de lutte contre le SIDA au Cameroun. De la subordination vers l’émancipation à l’heure de l’accès au traitement antirétroviral. In Accès décentralisé au traitement du

VIH/SIDA: évaluation de l'expérience camerounaise. Paris: ANRS, 269-288.

Eboko, F., Y.-P. Mandjem. (2011). ONG et associations de lutte contre le sida en Afrique : incitations trasnationales et ruptures locales au Cameroun, in Eboko F., Bourdier F., Broqua C, (eds), Les Suds face au sida : quand la scoiété civile se mobilise, IRD Edtions, pp.205-230.

Essome, H. E., R. F. Notemi, et al. (2004). Increased subsidies allowance to associations of people with AIDS(PLWHA) in Cameroon and its consequence. XV International AIDS Conference, Bangkok, Thailand.

Gruenais, M. E. (1999). Organiser la lutte contre le SIDA. Une étude comparative sur les rapports État/société civile en Afrique (Cameroun, Congo, Côte d'Ivoire, Kenya, Sénégal), Rapport de recherche pour l'Agence Nationale de Recherche sur le SIDA, Paris, IRD.

Kamgue, J. J. (2008). Les associations camerounaises en action contre les décisions brutales du gouvernement. XV ICASA, Dakar, Senegal.

Kamgue, K. J. J. (2007). Treatment adherance support program in a community based NGO (COLIBRI Cameroon). AIDS impact conference, Marseille, France.

Kayo, J. C. P. Mounton (2004). The Cameroon network of associations of PLWHA (RECAP+) Networking associations of PLWHA in Cameroon. XV International AIDS Conference, Bangkok, Thailand.

Loudjome, E., I. Tita, et al. (1996). Setting up of local branches of the PHIV association in 3 provinces in Cameroon. International Conference on AIDS, Vancouver, Canada.

Loumgam, M., T. S. Ngnié, P. M. Richard, and J. C. Kayo. (2004). The implication of people living with HIV/AIDS (PLWHA) in the control of the pandemic in Cameroon. The case of the Cameroonian network of associations of people living with HIV/AIDS. XV International AIDS Conference, Bangkok, Thailand.

Meli, M. V. (2005). Les jeunes et la lutte contre le VIH/ SIDA au Cameroun: Associations et structures de l'action collective. DEA Departement de Sociologie et d'Anthropologie, Faculté des Arts, Lettres et Sciences Social, Université de Yaoundé I, Yaoundé, Cameroon.

Mimbiang, R., G. Eboutou, et al. (1995). Collaboration entre SWAA/Cameroun (ONG Locale) et services publics pour la prise en charge des personnes infectées et la creation d'une association des séropositives pour leur auto prise en charge. IX ICASA, Kampala, Uganda.

Minkoue, R. M. Najeh (2004). Impact of an association of PLWHA to improve quality of life of its members in Buea district - Cameroon. AIDS 2008, Bangkok, Thailand.

Mouafo, M., N. T. Suzanne, et al. (1998). Implications of rural youth associations in the fight against STDs/AIDS. XII AIDS Conference, Geneva, Switzerland.

Mouafo, M., S. Yougam, Taiom, L. Awono. (2002). Community response to HIV/AIDS. XIV International AIDS Conference, Barcelona, Spain.

Mounton, P. (2008). Prise en charge communautaire d'Orphelins et Enfants Vulnérables, à Yaoundé. XV ICASA, Dakar, Senegal.

Mounton, P. A. (1999). Création des antennes AFSU dans les provinces du Nord de l'Extrême-Nord et de l'Adamoua. The Fourth International Conference on home and community CARE for persons living with HIV/AIDS Paris, France

Mounton, P. A. L. Mouliom (2002). Psycho social support: Experience of the association of women living with HIV/AIDS (AFASO) Cameroon. XIV International AIDS Conference, Barcelona, Spain.

Mounton, P. A. L. Moulion (2002). The role of people living with HIV/AIDS in the Prevention and prevention programmes. Experience of the association of women living with HIV/AIDS (AFASO) Cameroon. XIV International AIDS Conference, Barcelona, Spain.

Mouteng, V. E. D. (2008). BCC successful experience with a womens' association from the informal economy at Emombo market in Yaoundé city. XVII International AIDS Conference, Mexico City, Mexico.

Ngalamou, A. F. (2003). Apport des ONG dans la lutte contre le SIDA à Yaoundé. Diplôme de Maîtrise en Sociologie, Departement de Sociologie et d'Anthropologie, Faculté des

Arts, Lettres et Sciences Social, Université de Yaoundé I, Yaoundé, cameroon.

Ngo, E. O. (2002). The place for the usage of condoms in associations with other contraceptive methods for the fight against HIV/AIDS infection. XIV International AIDS Conference, Barcelona, Spain.

Ngo, M. E., R. M. A. Mena (2001). Renforcement de l'implication de PVVIH/SIDA dans la lutte contre le VIH/SIDA: visite à domicile, cas de l'AFSU dans la ville de Yaoundé. XIIth ICASA. Ouagadougou, Burkina Faso.

Penda, B., M. Ngalle, E. Ebong, I. Tita, M. Ngolle, M. Ebongue, R. Mougnutu, N. Nkoue, L. Vergne, C. Monekosso, E. Mpoudi-Ngole, C. Same-Ekobo. (2007). Projet de sensibilisation des femmes enceintes en milieu rural par l'association pour le soutien des personnes vulnérables en abrégé "ASPEV 2005". 4e Conférence Francophone VIH/SIDA Paris, France.

Sonkeng, C., B. Tassegho. (1999). L'information sur le VIH/SIDA auprès des associations féminines (Tontines). Fourth International Conference on Home and Community CARE for persons with HIV/AIDS, Paris, France.

Talom, J. M. (2001). La société civile et l'ethique de la recherche sur le SIDA. XII ICASA, Ouagadougou, Burkina Faso.

Talom, J. M., V. Collard, et al. (2004). The training of association militants in research ethics on AIDS. XV International AIDS Conference, Bangkok.

Talom, J.-M., P. B. Zoper, et al. (2002). Cotrimoxazole available at professional's and plwa association. XIV International AIDS Conference, Barcelona, Spain.

Talom, Y. C., C. B. Tan, et al. (1999). Spiritual suuport for PWA (People with AIDS). The Fourth International Conference on home and community CARE for persons living with HIV/AIDS, Paris, France.

Talom J.M. (1999). Satisfaire les besoins des personnes vivant avec le VIH/SIDA (PVVS): un défi pour les ONG de Yaoundé. Fourth International Conference on Home and Community CARE for persons with HIV/AIDS, Paris, France.

Tchokokam, H. (2002). AFASO-CHE: A case of partnership between an N.G.O and a health CARE centre in the fight against AIDS through the reduction of mother to child transmission of HIV. XIV International AIDS Conference, Barcelona, Spain.

Tengpe, G. P. W., A. P. Siewe, et al. (2010). Intégration de l'éducation thérapeutique du patient (ETP) dans l'offre de soins aux PVVIH dans 4 unités de prise en charge (UPEC) décentralisée au Cameroun: expérience de l'association synergie des sciences sociales et humaines (3SH). 5e Conférence Francophone VIH SIDA, Casablanca, Maroc.

Totouom, A., J. C. Kayo, et al. (2004). Improved access to CARE and medication and funding of PLWHA community-based organisations:A combining strategy for a better acceptation of HIV infection. XV International AIDS Conference, Bangkok, Thailand.

Tsamo, L. M. (2010). Droits humains et VIH: le parent pauvre des activités des associations de personnes vivant avec le VIH (PVVIH) au Cameroun. 5e Conférence Francophone-VIH SIDA, Casablanca, Maroc.

Vidal L., Hane F. Ba M., Mballa J., Les associations face aux institutions : sida, tuberculose et coinfection, in L. Vidal & C. Kuaban, Sida et tuberculose : la double peine ? Institutions, professionnels et société face à la coinfection au Cameroun et au Sénégal, Louvain, Academia Bruylant, pp. 283-303.

Yomgne, C. T. (2008). Civil society implication in HIV/AIDS research issues: Cameroon experience. XVII International AIDS Conference, Mexico City, Mexico.

Yomgne, C. T., J. M. Talom, B. F. Y. Yemefack. 2010. Ethique de la recherche en santé et mobilisation des associations d'Afrique noire francophone: cas du Cameroun et du Burkina Faso. 5e Conférence Francophone VIH/SIDA, Casablanca, Maroc.

Yomgne, C. T., J. M. Talom, et al. (2007). Implication de la société civile en matière de recherche sur le VIH/SIDA: Expérience du Cameroun. 4e Conference Francophone VIH/SIDA, Paris, France.

Liste des acronymes, abréviations, sigles

ACASEPO : Association camerounaise des séropositifs du VIH/Sida
ACMS : Association camerounaise pour le marketing social.
AFASO : Association des femmes actives et solidaires
AFSU : Association des Frères et Sœurs Unis
AFSUPES : Association des Frères et Sœurs Unis Pour l'Espoir et la Solidarité
AGR : Activité Génératrice de Revenus
APICAM/COLIBRI/ DAUPHIN : Associations de lutte contre le VIH/Sida
ARC : Agent Relais Communautaire
ARC : Agent relais communautaire
ARV : Antirétroviraux
ASDEG : Association stratégique pour un développement global
BEPC : Brevet d'Etudes du Premier Cycle
CAL : Collectif associatif du Littoral
CALCE : Collectif associatif du Centre
CCM : Coordination du Fonds Mondial au Cameroun
CEAM : Cercle d'entraide des mères de la Fondation Chantal Biya
CHU : Centre hospitalier universitaire
CNLS : Comité National de Lutte contre le Sida
CNPS : Centre national de la prévoyance sociale
CPS : Conseiller psychosocial
ESTHER : Ensemble pour une solidarité thérapeutique en réseau
FCB : Fondation Chantal Biya
FICR : Fonds international de la Croix rouge et du Croissant rouge
GTR : Groupe technique régional de lutte contre le VIH/Sida
HCY : Hôpital central de Yaoundé
HMY: Hôpital militaire de Yaoundé
ICW: International Community of Women living with HIV/AIDS
IRD : Institut de recherche pour le développement

LCS : Lutte contre le Sida
MINAS : Ministère des Affaires Sociales
MINSANTE : Ministère de la Santé publique
MSF: Médecins Sans Frontières
MSM : Men having sex with men
MSP : Ministère de la santé publique
NACWOMA: National Community of Women living with AIDS in Uganda
OEV : Orphelins et Enfants Vulnérables du VIH/SIDA
ONG : Organisation non gouvernementale
PCPA : Programme concerté pluri-acteurs
PEC : Prise en charge
PNUD : Programmes des Nations Unies pour le développement
PVVIH : Personnes Vivant avec le VIH
RECAP+ : Réseau camerounais des PVVIH
REDS : Réseau sur l'Ethique, le Droit et le Sida
SWAA: Society for women and AIDS in Africa
UNICEF : Fonds des Nations Unies pour l'Enfance
UPEC : Unité de Prise en Charge
VAD : Visite à domicile
VIH/SIDA : Virus de l'Immunodéficience Humaine/Syndrome de l'ImmunoDéficience Acquise
VRC : Volontaire relais communautaire

Liste des Auteurs

Fogué Foguito, Directeur Exécutif de Positive-Generation, membre fondateur du Treatment Access Watch (TAW) et également expert sur les personnes marginalisées et minorités face au sida à la Commission africaine des droits de l'homme et des peuples, Yaoundé, Cameroun, ffoguito@yahoo.fr

Fadimatou Mounsade Kpoundia, anthropologue, post-doctorante, Aix-Marseille Université, UMR SESSTIM (Sciences économiques et sociales de la santé et traitement de l'information médicale : Aix-Marseille Université – INSERM – IRD), Yaoundé, Cameroun, mounsadef@yahoo.fr

François Nkoa, économiste, enseignant-chercheur, Faculté des Sciences Economiques et de Gestion, Université Yaoundé II, Chercheur à la FPAE (Fondation Paul Ango Ela), Yaoundé, Cameroun, fcnkoa@yahoo.com

Roméo Nganha, anthropologue, doctorant, département d'Anthropologie, Université de Yaoundé I, Cameroun, romeo_nganha@yahoo.fr

Jean-Marie Talom, Président du REDS (Réseau sur l'Ethique, le Droit et le Sida), Yaoundé, Cameroun, redscm@yahoo.fr

Guy-Bertrand Tengpe, Psychologue, DE/département Recherche Action et publication à Synergies des Sciences sociales et Humaines (3SH), Douala, Cameroun, tengpe.guy@3sh.org

Laurent Vidal, anthropologue, Directeur de recherche à l'IRD (Institut de recherche pour le développement), UMR SESSTIM (Sciences économiques et sociales de la santé et traitement de l'information médicale : Aix-Marseille Université – INSERM – IRD), Yaoundé, Cameroun, laurent.vidal@ird.fr

Sociologie et questions de société

aux éditions L'Harmattan

Dernières parutions

COLLÉGIENNES EN QUÊTE DE BEAUTÉ
Entre devoir social, expression identitaire et hédonisme
Bouaiss Rachida
Maquillage, parfum, coiffure : les jeunes filles accèdent de plus en plus tôt à l'univers de la beauté. Pourquoi ces jeunes filles s'intéressent-elles si tôt à leur apparence ? Que recherchent-elles ? Quels rôles tiennent la beauté et l'apparence dans leur construction et leur expression identitaires ? Quelles sont leurs pratiques quotidiennes ? Ont-elles des codes spécifiques ? Voici une étude menée auprès de collégiennes de 10 à 15 ans.
(Coll. Logiques sociales, 24.00 euros, 196 p.)
ISBN : 978-2-336-30163-1, ISBN EBOOK : 978-2-296-53782-8

RISQUE (LE)
Journées de la Maison des sciences de l'homme Ange-Guépin
Sous la direction de Fabien Tripier
Le risque est omniprésent dans les débats publics. Les chercheurs en sciences humaines et sociales se sont emparés de ce thème comme en témoignent ces actes des journées thématiques de la Maison des sciences de l'homme de Nantes (2011). Les contributions présentées se sont rassemblées autour de cinq thèmes : le risque en santé publique ; les perspectives critiques et politiques publiques ; les comportements face au risque ; l'entreprise et les collectivités ; les questions de finance.
(31.00 euros, 304 p.)
ISBN : 978-2-343-00945-2, ISBN EBOOK : 978-2-296-53927-3

RITES DE PASSAGE (LES)
Des Dogons aux francs-maçons
Fontaine Jacques
Cet ouvrage mène l'enquête sur les rites de passage, avec un autre regard, depuis les travaux des grands ethnologues aux découvertes récentes. D'abord, il fait le tri entre ce qui est «culturel» et ce qui est «naturel». Puis, grâce à l'analyse structurale, il compare près de 30 rites de passage, en s'apercevant qu'au-delà du temps et de l'espace, les rites se regroupent pour délivrer des messages frappants. Peu à peu, il nous fait découvrir les racines des rites, logées dans notre psychisme le plus profond.
(19.00 euros, 190 p.)
ISBN : 978-2-343-00636-9, ISBN EBOOK : 978-2-296-53796-5

POLITIQUES (LES) À L'ÉPREUVE DES SOCIOLOGUES
Vocation sociologue - Sous la direction de Yamina Meziani et Pierre Vendassi ; introduction de Didier Lapeyronnie
Ces contributions questionnent des réformes politiques menées depuis 2007 sous la présidence de Nicolas Sarkozy en adoptant un regard scientifique sur les actions entreprises par son gouvernement, dans les domaines de la santé, de l'éducation et de l'intégration. Ce livre questionne enfin la place et la manière dont la recherche en sciences sociales est en mesure de rendre compte et de tirer des analyses des évènements politiques qui ont marqué le dernier quinquennat.
(Coll. Logiques sociales, 18.00 euros, 188 p.)
ISBN : 978-2-343-00747-2, ISBN EBOOK : 978-2-296-53813-9

POLITIQUE, INSERTION ET JEUNESSE : L'ESPOIR DU MONDE
Loubeyo Dreyfus
Comment réussir l'insertion sociale et professionnelle des jeunes ? Être au plus près de la population et des acteurs socio-économiques d'un territoire est sans conteste l'une des clés nécessaires à la réussite de l'insertion. Nous vivons actuellement une crise économique et sociale sans précédent. À cette crise majeure et face à une compétitivité grandissante des entreprises, la jeunesse se trouve confrontée à des emplois précaires et accède difficilement à un premier emploi stable.
(Coll. Questions contemporaines, 16.50 euros, 160 p.)
ISBN : 978-2-343-00842-4, ISBN EBOOK : 978-2-296-53933-4

POUR UNE PARTICIPATION DES JEUNES À LA VIE PUBLIQUE
Engagez-vous ! Réengagez-vous !
Kherraz Ahmed
Cet ouvrage propose de revenir sur l'expérience militante de jeunes issus d'horizons divers mais ayant pour points communs d'être ou d'avoir été engagés personnellement pendant plusieurs années. Il sera question plus généralement de la place qu'occupent les jeunes dans notre société ainsi que du rôle censé être le leur comme dans n'importe quelle société démocratique qui se respecte.
(Coll. Questions contemporaines, 15.50 euros, 150 p.)
ISBN : 978-2-343-00502-7, ISBN EBOOK : 978-2-296-53767-5

FORMATION (LA) DES GROUPES DE JEUNES DANS L'ESPACE URBAIN
Ferrand Alexis
L'ouvrage propose un modèle qui articule socioéconomie marxiste, théorie de la pratique de Bourdieu, sémiologie de l'espace, et psychanalyse des phénomènes collectifs pour expliquer les activités des groupes de jeunes dans l'espace urbain, montrant les rapports de domination qui fondent le double jeu des institutions de socialisation et d'encadrement des loisirs, et les tensions entre jeunes pour l'appropriation des espaces.
(Coll. Logiques sociales, 19.00 euros, 198 p.)
ISBN : 978-2-343-00689-5, ISBN EBOOK : 978-2-296-53815-3

TRENTE ANS DE POLITIQUE DE LA VILLE, ET APRÈS ?
Manquements d'une politique d'État, réponses locales
Exemple de la ville de Roubaix
Kherraz Ahmed, Kessili Samir - Préface de Pierre Dubois et Pierre Mathiot
Roubaix constitue un laboratoire urbain au carrefour de multiples enjeux économiques et sociaux. Pauvreté et exclusion s'y manifestent comme dans d'autres agglomérations françaises connaissant un chômage de masse. L'État a mis en place il y a trente ans la politique de la ville. À l'origine politique de redynamisation territoriale, elle s'est recentrée petit à petit pour ne concerner quasi exclusivement que les quartiers relégués. Quelles sont les limites de cette politique aujourd'hui ?
(18.00 euros, 180 p.)
ISBN : 978-2-336-30161-7, ISBN EBOOK : 978-2-296-53736-1

IL ÉTAIT UNE FOIS MA CITÉ
Depuis 4 ans, les habitants de la Coudraie à Poissy se battent pour empêcher la destruction de leur cité. En juillet 2007, des sans-logis les ont rejoints dans leur combat. Ils ont aménagé un campement au pied des immeubles. Une action symbolique alors que 400 logements sont inoccupés dans la cité. À travers ce film, la parole des habitants et l'histoire de ce combat deviennent mémoire. Une mémoire empreinte, indélébile.
(20.00 euros)
ISBN : 978-2-336-29430-8

DANS LES JARDINS DE BABEL CITY
Claudon Philippe
C'est en 1896 que l'abbé Jules Lemire a organisé les premiers jardins ouvriers en France. Presque un siècle plus tard, après plusieurs décennies de déclin, ces jardins - devenus familiaux - connaissent un nouvel essor. Aujourd'hui, ce mouvement, qui colonise nos friches urbaines avec encore plus d'ampleur est significatif d'une mutation sociale plus profonde qu'il n'y paraît...
(20.00 euros)
ISBN : 978-2-336-29428-5

RÉSONANCES
De Gandillac Civa
Trois courts métrages. *Paris par cœur* (2009, 10 min.). Une plongée dans un Paris subjectif, un Paris populaire, un Paris cosmopolite... *Résonances* (2005, 27 min.). Nouvel antisémitisme, discrimination sociale, compétitivité entre devoirs de mémoires, identité juive... *Il était une fois Marc et Lotti* (2002, 26 min.). Il était une fois Marc et Lotti... et leur âne. À l'heure où le pétrole flambe, voici un bel exemple d'écocitoyenneté et d'autonomie...
(20.00 euros.)
ISBN : 978-2-336-29437-7, ISBN EBOOK : 978-2-296-53965-5

SOCIOLOGIE (LA) D'INTERVENTION
Le sociologue au cœur des organisations associatives, sportives et de loisirs
Bernardeau Moreau Denis
Cet ouvrage traite de l'utilité de la sociologie d'intervention. A partir d'études de terrain conduites dans les fédérations et clubs professionnel, les collectivités

territoriales et les entreprises de loisirs, l'auteur tente d'éprouver la portée explicative et compréhensive de quelques modèles théoriques majeurs issus de la sociologie des organisations. Sa démarche, à la foi scientifique, épistémologique et pragmatique, vise à souligner l'importance du lien entre la sociologie et la demande sociale.
(Coll. Logiques sociales, 28.00 euros, 286 p.)
ISBN : 978-2-336-00725-0, ISBN EBOOK : 978-2-296-53868-9

VIOL-LOCATION (LE)
Liberté sexuelle et prostitution
Martine Joëlle
Acheter le consentement sexuel d'autrui, est-ce l'expression d'une liberté sans tabou ou un abus de pouvoir d'achat ? Sur quelles bases est-il légitime, ou pas, de considérer la prostitution comme un travail ? Que répondre à la misère sexuelle des personnes handicapées ? En Suède la pénalisation des clients a-t-elle enfermé les prostituées dans la clandestinité ? Aux Pays-Bas la reconnaissance d'un statut professionnel a-t-elle fait reculer les réseaux mafieux et la prostitution hors statut ?
(Coll. Sexualité humaine, 15.50 euros, 152 p.)
ISBN : 978-2-343-00618-5, ISBN EBOOK : 978-2-296-53939-6

POUR LES CHRYSANTHÈMES, ON VERRA PLUS TARD...
Guide humoristique à l'usage des seniors
Ancelet Alain
Ce livre brosse une désopilante description des petits malheurs et des grands bonheurs que traversent tous les seniors qui n'évoluent pas toujours au même rythme que la vie quotidienne à laquelle ils sont confrontés, sur des routes parfois cahotantes. Mais l'humour s'avère le plus confortable des airbags pour amortir les chocs. Ce n'est pas parce qu'on a les cheveux blancs qu'il faut avoir les idées noires...
(11.50 euros, 82 p.)
ISBN : 978-2-343-00743-4, ISBN EBOOK : 978-2-296-53771-2

TRAVAIL, SANTÉ, ÉDUCATION
Individualisation des parcours sociaux et inégalités
Sous la direction de Servet Ertul, Jean-Philippe Melchior et Eric Widmer
Cet ouvrage explore le nouveau concept de «parcours social», concept particulièrement efficient pour observer les inégalités de toutes sortes que subissent les hommes et les femmes dans des domaines aussi variés que le travail, la santé, l'éducation et la formation. Il apparaît que le processus d'individualisation mis en œuvre par les politiques publiques et les nouvelles formes de management favorise l'émergence, le maintien ou l'aggravation de ces inégalités dans nos sociétés.
(Coll. Logiques sociales, 30.00 euros, 296 p.)
ISBN : 978-2-343-00484-6, ISBN EBOOK : 978-2-296-53533-6

L'HARMATTAN ITALIA
Via Degli Artisti 15; 10124 Torino

L'HARMATTAN HONGRIE
Könyvesbolt ; Kossuth L. u. 14-16
1053 Budapest

L'HARMATTAN KINSHASA
185, avenue Nyangwe
Commune de Lingwala
Kinshasa, R.D. Congo
(00243) 998697603 ou (00243) 999229662

L'HARMATTAN CONGO
67, av. E. P. Lumumba
Bât. – Congo Pharmacie (Bib. Nat.)
BP2874 Brazzaville
harmattan.congo@yahoo.fr

L'HARMATTAN GUINÉE
Almamya Rue KA 028, en face du restaurant Le Cèdre
OKB agency BP 3470 Conakry
(00224) 60 20 85 08
harmattanguinee@yahoo.fr

L'HARMATTAN CAMEROUN
BP 11486
Face à la SNI, immeuble Don Bosco
Yaoundé
(00237) 99 76 61 66
harmattancam@yahoo.fr

L'HARMATTAN CÔTE D'IVOIRE
Résidence Karl / cité des arts
Abidjan-Cocody 03 BP 1588 Abidjan 03
(00225) 05 77 87 31
etien_nda@yahoo.fr

L'HARMATTAN MAURITANIE
Espace El Kettab du livre francophone
N° 472 avenue du Palais des Congrès
BP 316 Nouakchott
(00222) 63 25 980

L'HARMATTAN SÉNÉGAL
« Villa Rose », rue de Diourbel X G, Point E
BP 45034 Dakar FANN
(00221) 33 825 98 58 / 77 242 25 08
senharmattan@gmail.com

L'HARMATTAN BÉNIN
ISOR-BENIN
01 BP 359 COTONOU-RP
Quartier Gbèdjromèdé,
Rue Agbélenco, Lot 1247 I
Tél : 00 229 21 32 53 79
christian_dablaka123@yahoo.fr

Achevé d'imprimer par Corlet Numérique - 14110 Condé-sur-Noireau
N° d'Imprimeur : 109655 - Dépôt légal : juin 2014 - *Imprimé en France*

www.ingramcontent.com/pod-product-compliance
Lightning Source LLC
LaVergne TN
LVHW021220061026
849535LV00008B/2835